1978-2018

改革开放40年
深圳建设成就巡礼

建设成果篇

主编 张一莉

中国建筑工业出版社

《改革开放 40 年深圳建设成就巡礼—建设成果篇》编委会

专家委员会顾问： 何镜堂
专家委员会主任： 孟建民
专家委员会： 陈　雄　陈宜言　何　昉　林　毅　刘琼祥

编委会主任： 孙　楠　艾志刚
副主任： 陈邦贤　张一莉　赵嗣明

主编： 张一莉

编委： 黄晓东　王晓东　林　毅　杨为众　林彬海　李朝晖
　　　　唐志华　唐　谦　叶　枫　谢　芳　黄　河　刘　战
　　　　林建军　蔡　明　韦　真　于天赤　徐金荣　牟中辉
　　　　李志毅　千　茜　夏　媛　俞　伟

指导单位： 深圳市科学技术协会
　　　　　　深圳福田区企业发展服务中心

主编单位： 深圳市注册建筑师协会
特邀编审单位： 华南理工大学建筑设计研究院
　　　　　　　　广东省建筑设计研究院

参编单位（按参编报名顺序）：
1. 深圳市建筑设计研究总院有限公司
2. 深圳华森建筑与工程设计顾问有限公司
3. 香港华艺设计顾问（深圳）有限公司
4. 筑博设计股份有限公司
5. 深圳市清华苑建筑与规划设计研究有限公司
6. 深圳市机械院建筑设计有限公司
7. 深圳市华阳国际工程设计股份有限公司
8. 深圳市市政设计研究院有限公司
9. 深圳市北林苑景观及建筑规划设计院有限公司
10. 悉地国际设计顾问（深圳）有限公司
11. 北建院建筑设计（深圳）有限公司
12. 中国建筑东北设计研究院有限公司深圳分公司
13. 深圳市欧博工程设计顾问有限公司
14. 深圳艺洲建筑工程设计有限公司
15. 深圳市东大国际工程设计有限公司
16. 建学建筑与工程设计所有限公司深圳分公司
17. 中外建工程设计与顾问有限公司深圳分公司
18. 深圳市华汇设计有限公司
19. 深圳大地创想建筑景观规划设计有限公司
20. 深圳媚道风景园林与城市规划设计院有限公司
21. 深圳和华国际工程与设计有限公司

书稿收集： 深圳注册建筑师协会秘书处　蔡峰

序 一

在时间的长河中,四十年极其之短,短到可以用白驹过隙来形容;但对于一段具体历史、一片具体地域、一个具体个人而言,四十年又是如此之长,长到可以感受到沧海桑田;它可以让一个呱呱坠地的婴儿成为最年富力强的壮年,让一个曾经的青年成为耄耋老者;可以让一块曾经贫瘠如洗的土地,在世事变幻中成为一片热土,继而成其为沃土,进而成就这片土地上的城市奇迹——深圳奇迹——这是深圳改革开放的四十年,也是让世界见证深圳的四十年!

设想一下,让一个在深圳刚刚建市时代的年轻人,彻底离开这里,然后,在四十年后的今天,他再度来到这里,他会怎样惊讶于这里已经换却的人间:那座小小的县城荡然无存,曾经的土路已然不见踪影;眼前鳞次栉比、高楼林立的城市面貌,纵横交错、密如蛛网的交通体系,芳草萋萋、绿树如茵的市内环境,再加上闪烁的霓虹、如织的人流,这一座宜居的花园之城、创新设计之都,哪一处可以寻觅当年的模样?

当然,这样的场景只是一个普通外来者对深圳这座城市的初步印象。而作为一个自1983年设计深圳科学馆以来就深耕于此的专业建筑师,又有哪些更加深入的感受呢?

——这里有最为齐全的建筑门类,无论公共建筑还是商业建筑,每一次都是引领风气之先,在深圳建成并迅速推广至全国;万科城市花园、坂田四季花城等住宅楼盘,在中国商品住宅起步阶段即成为全国住宅开发、设计的学习榜样;

——这里的高层和超高层建筑领潮流之先,从京基100到平安金融中心,"深圳高度"和"深圳速度"让人侧目,而今天的深圳质量也将让人们引以为傲;

……

无论用什么样的溢美之词来形容深圳改革开放四十年的成就都不过分。而《改革开放40年深圳建设成就巡礼系列丛书》努力的方向是:既内涵一个普通市民的城市感受,又容纳专业建筑师的观察和思考。丛书分建设成果篇、城市设计篇、杰出人物篇三卷,内容深入广泛,既有涉及全门类建筑的内容,也有对建筑师个人的具体呈现,它在记录深圳建筑历史、突出成就的同时,传递了深圳这座年轻的城市的内在脉动和生命活力,它在进行专业的建筑分类以便更为全面地收录相关建筑成就,在记录每一个建筑师为这座城市的美好未来而作出的不懈努力(当然,也包括他们为其他城市的建设而作出的努力）的同时，也让人们可以清晰地去辨认这个城市成长的每一步足迹，感受这座城市改革开放时代以来勃然而兴、沛然生长的律动。

客观上，《改革开放 40 年深圳建设成就巡礼系列丛书》也为观察和思考未来深圳的发展提供了资料和基础。当我们从这个角度去记录、去思考深圳建筑四十年的发展成就的时候，我们就拥有了更为广阔的、穿越时间和地域障碍的视野，同时也具备了更深刻的历史和文化之维。

一座城市的良性的可持续发展和整体发展，离不开对历史的传承与发扬，离不开对自己城市发展的独特地域性、文化性和时代性的持续思考与发掘。我个人的建筑设计思想是建筑必须具有整体观和可持续发展观。建筑必须是一个整体，没有一个整体就全乱了；可持续发展就是既满足现在的要求，又能够适应将来的发展。我也强调建筑创作要体现地域性、文化性和时代性：地域性就是指建筑要跟当地的环境、气候和当地的文化遗迹、自然方式等相融，文化性是说建筑不单要满足物质功能的要求，还要给人精神上的享受，即要精神内涵高品位的建筑；时代性是说建筑必须反映这个时代，反映这个时代的物质条件、精神和审美观，与这个时代的材料、技术相适应。这既是我的建筑思想，也是我的创作方法。

从这个角度来看改革开放以来深圳建筑四十年的飞速发展，不难发现，深圳的建筑设计已经融入了世界建筑的发展，吸收了当前最为先进的设计思想，但我们还面临着一个更为艰巨的任务，就是在新的时代，围绕经济特区、粤港澳大湾区、"一带一路"交通枢纽和全球科技产业创新中心等建设任务，保续自己的文化根基与生命力，锻造自身的文化自信和文化价值，进而召唤整个民族和国家的文化之魂。这是深圳未来建筑发展的宏伟历史使命，也是深圳建筑发展的真正机遇与希望！

何镜堂
中国工程院院士

序 二

一路风雨兼程，我国改革开放已经走过40年的历程。在党的领导下，深圳秉承改革不停顿、开放不止步的开拓精神，不断锐意革新、创新发展，从一个默默无闻的小渔村发展为高楼林立、绿色宜居、具有强大竞争力的国际化创新型大都市和花园之城。深圳的沧桑巨变，源自我国改革开放的伟大抉择，更是改革开放金色成就的精彩缩影和生动体现。

再回首，"春天的故事"可以追溯到40年前。波澜壮阔的改革开放潮起南粤大地，第一个经济特区——深圳，在这里创办。时光飞逝，今天的深圳已实现蜕变、涅槃而生。站在深圳看深圳，这是沧海桑田的巨变。站在全国看深圳，这是快速崛起的典范。站在世界看深圳，这是不可思议的传奇。

从追赶时代到引领时代，深圳发展的每一步，都凝聚了一代又一代特区建设者的心血和付出。在改革开放40年之际，在深圳市住房和建设局指导下，我们编撰了《改革开放40年深圳建设成就巡礼系列丛书》，记录城市建设者们的成就与功绩，希望通过建设成果巡礼的方式向默默奉献的建设者们致敬：深圳不会忘记你们——城市的栋梁！

编撰《改革开放40年深圳建设成就巡礼系列丛书》是一项开拓性的工作，既强调设计理论的提升与创新，又要记载历史、突出成就，其内容涉及范围广泛，既有公共建筑、商业综合体、居住区与住宅、医疗建筑、教育建筑、高科技园区、交通建筑、会展中心与口岸建筑、超高层建筑等，又有城市设计和城市更新、风景园林与海绵城市、公园绿地、市政工程、绿色建筑、装配式建筑、未来建筑和外地建筑等。

40年，从国贸大厦到地王大厦，"深圳速度"不断自我超越；从京基100到平安金融中心，"深圳高度"屡屡自我刷新；从"中国电子第一街"华强北，到"世界级旅游度假区"华侨城，再到城市坐标轴深南大道，一张张深圳名片享誉全国。

不负新时代，勇担新使命，重整行装再出发。2018年是贯彻党的"十九大"精神的开局之年，是改革开放40周年，是决胜全面建成小康社会、实施"十三五"规划承上启下的关键一年。深圳建筑设计行业是时代的先锋，肩负着城市建设的重任，始终要坚持世界眼光、国际标准、中国特色、高点定位，不断调整优化城市规划，设计和空间布局，统筹地上地下空间综合开发利用，加快重点片区建设，努力营造以人为本的城市公共空间，着力打造产城融合、城海交融、人文相映的现代化城市。创新规划管理体制机制，全面推进"多规合一"。制定高标准的市政基础设施、园林绿化、景观照明技术标准和设计导则，加强对城市天际线、城市色彩、建筑立面的规划管理，高起点规划建设前海、深圳湾、香蜜湖、大空港、大运新城等"城市新客厅"，不断提升城市的品位、品质和能级。

开启新征程，铸造改革开放再出发的新"深圳奇迹"。在新时代中国特色社会主义伟大实践和同心共筑中国梦的伟大征程中，凸显"深圳力量"，打造"深圳标杆"，谱写"深圳华章"，作出"深圳贡献"。打造一流智慧城市，出台新型智慧城市建设总体规划和工作方案，努力实现"科技让城市更美好"；推进基础设施建设大提速，以建设枢纽城市为目标，加快打造国际航空枢纽、国家铁路枢纽、世界级集装箱航运枢纽和区域城际轨道交通枢纽；对标国际先进城市，注重运用法规制度标准管理城市，构建权责明晰、服务为先、管理规范、执法严明的城市管理体系，努力让城市更有序、更安全；高水平规划建设改革开放博物馆、国际交流中心等标志性设施，加快国际会展中心建设；细化城市管理的法规规章，修改和完善房建、物业、地下空间、垃圾处理等管理办法，力求城市管理各个领域都有法可依；着力打造安全城市，坚持以制度管安全、用技术防风险，完善应急预案，提高防灾减灾能力，牢牢守住安全底线；加强各类安全治理，建成房屋安全隐患排查整治和公共安全风险分级管理体系，强化重点风险源管控，坚决防范重特大事故；深入践行绿色发展理念，争创国家生态文明示范市，努力让城市回归自然、回归生态，率先打造人与自然和谐共生的美丽中国典范；实施绿化提质工程，提升园林绿化品质和公园服务功能，推进城市主干道和主要进出口景观创建；持续开展打造"世界著名花城"三年行动计划，加快创建国家森林城市，努力实现城市在花园中、花园在城市中。

深圳建设者们整装再出发，奋勇踏上光辉的新征程，创造出优异业绩，不负新时代赋予深圳的使命担当，不负党和人民重托！

孟建民

中国工程院院士

目 录

序一（何镜堂）

序二（孟建民）

深圳城市建筑38年发展概览（艾志刚）

第1章 公共建筑
- 集约高效，开放创新——深圳公共建筑发展40年总论（黄晓东） /032
- 公共建筑案例 /040

第2章 商业综合体
- 百花齐放，百家争鸣——深圳商业建筑发展40年总论（林毅） /126
- 商业综合体案例 /134

第3章 居住区与住宅
- 居住区与住宅综论（王晓东） /176
- 居住区与住宅案例 /180

第4章 医疗建筑
- 医疗建筑综论 /230
- 医疗建筑案例 /236

第5章 教育建筑
- 深圳教育建筑40年综论 /256
- 教育建筑案例 /262

第6章 高科技园区
- 深圳高新科技园区发展综论 /300
- 高科技园区案例 /304

第7章 交通建筑、会展中心与口岸建筑
- 深圳交通建筑、会展建筑与口岸建筑综论 /324
- 深圳交通建筑、会展建筑与口岸建筑案例 /330

第8章 超高层建筑
- 超高层建筑总论（马自强） /354
- 超高层建筑案例 /362

编后记

深圳城市建筑 38 年发展概览

·艾志刚　深圳市注册建筑师协会会长，深圳大学建筑与城市规划学院教授，博士

一、深圳建筑 38 年重要成就

今年是我国改革开放 40 周年，深圳经济特区成立 38 周年。作为中国改革开放的前沿和窗口，深圳走过了 38 年披荆斩棘、跨越式的发展光辉之路。深圳从当年南中国一个边陲渔村，一跃成为人口近二千万的中国第四大城市，GDP 年均增速超过 20%，经济总量跻身全球城市 30 强。今日的深圳不但高楼林立，而且是一个宜居的花园之城、创新设计之都。深圳无论是发展速度还是环境品质，都创造了世界城市发展史上的奇迹。

1970 年代末，深圳人口不足 30 万人，2017 年，深圳常住人口达到 1252 万人，管理人口达到 2000 万。深圳经济高速发展及人口高速增长，对城市建设速度提出了严苛的要求。1980 年代的国贸大厦、1990 年代的地王大厦建筑以三天一层楼和二天半一层楼的建设速度，创造了国内建筑施工速度的历史，一度成为"深圳速度"的代名词。当下，深圳城市建设用地约 900km²，各类建筑总量超过 10 亿 m²。

建筑业对深圳社会经济发展起到了举足轻重的作用。建市以来，深圳出现了两次基本建设高峰。第一个高峰出现在 1983 年，建筑业产值占 GDP 的百分比高达 25%；第二个高峰是 1993 年，建筑业产值占城市 GDP 的 15%。随着深圳市基本建设

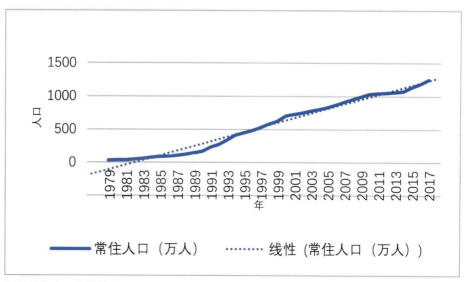

深圳常住人口年增长表

高潮的淡去，深圳建筑业的发展逐步趋于稳定，2017年深圳房地产占城市GDP的9%左右。虽然处在相对较低的水平，但绝对值仍然巨大。同时，建筑业是其他产业发展的基础，为各行各业提供生产、生活空间，如工业厂房、科技产业园、总部基地大楼等。此外，建筑业作为劳动密集型产业，在深圳从事与建筑相关的从业人员超过120万，占总人口的6%以上，可见建筑业在吸纳与保障人员就业方面意义重大。作为设计之都，深圳吸引和培育了大批建筑设计人才，他们也走向全国，参与全国各地的城乡建设工作。

回顾总结38年的发展经验，深圳在高层建筑、住宅建筑、既有建筑改造、绿色建筑等八大方面建筑设计取得了显著成就，在许多方面领跑全国。

1. 高层建筑

深圳城市以年均15m的速度向上长高。1980年代深圳最高建筑150m（国贸大厦），1990年代最高建筑324m（地王大厦），2000年代最高建筑366m（赛格广场），2010年代最高建筑近600m（平安金融中心）。当下深圳200m以上的超高建筑50座以上，一批更高的建筑正在规划设计或建设之中。除了办公楼，深圳住宅也呈现超高化发展趋势。早期深圳住宅多为多层或小高层，如今新建住宅以100m以上的超高层住宅为主。如东海国际公寓高度突破300m，成为亚洲最高居住建筑。深圳建筑的超高化，对提升土地利用效率，缓解人口与土地的矛盾，发挥集约化城市效率，起到了积极的作用。

2. 住宅建筑

深圳城市人口快速提升，居住建筑的需求自然也十分巨大。近40年来，深圳建成住宅总量超过1000万套，总面积超过4亿m²，基本满足了城市发展的居住需求。

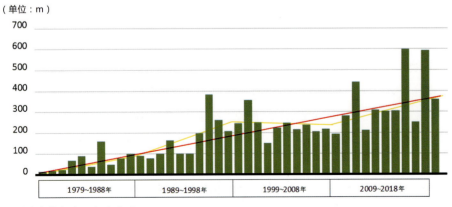

深圳建筑高度逐年变化表

深圳住宅包括福利房、商品房、保障房、居民自建房等不同种类。福利房属于计划经济时代的产物，深圳市政府在2003年后停止了福利房的建设。深圳在全国率先进行商品性住房改革探索，其革命性的开发模式吸引了全国人民的目光，并作为成功经验推向全国。深圳商品住房从住区规划、户型设计、绿化景观到室内装修，处处精心推敲，不断推陈出新，成为全国商品住宅设计学习榜样。当然，深圳商品住宅发展也还存在亟待解决的问题。深圳商品房房价快速攀升，引起各方忧虑。深圳市政府近十年来，投入大量土地和资金建设保障房及人才房，用以缓解房价和居住需求的矛盾。此外，深圳原住民利用自家宅基地扩建民居，成为深圳独特的城中村现象，对其价值和改造方向引起各界的激烈争论。

3. 交通类建筑

深圳地处口岸，流动人口巨大，因此交通建筑种类众繁多，如机场、码头、口岸、火车站等，其建筑设计也各具风姿。深圳机场1991年10月通航，目前客运量位居国内机场第五。2013年启用的T3航站楼，外看似"飞鱼"，内观如"蜂巢"，曾经荣登"世界十大美丽机场"榜首。1985年深圳新火车站建成，邓小平亲手题写站名。2011年火车北站建成，标志着深圳铁路进入高速时代。2015年福田火车站开通，成为亚洲最大的铁路、地铁、公路交通枢纽。深圳相继开通四个连通香港的陆路口岸，罗湖口岸最富盛名，深圳湾口岸最为壮丽。此外，深圳海上航运条件优越，深圳港集装箱运输量迅速发展为国内第三大港。2016年蛇口太子湾邮轮母港正式开港，这是华南地区唯一集"海、陆、空、铁"于一身的现代化国际邮轮母港，可以停靠全球最大的邮轮，成为深圳通连世界的海上门户。

4. 商业建筑

深圳商业建筑发展进化迅速，形态丰富多彩。1980年代，深圳商业以沿街店铺为主。最出名的商业街要数东门老街。1990年代起，华强北逐渐形成国内规模最大的电子一条街，近年完成了新一轮升级改造，交通与观感得以大幅提升。深圳最早引进国外仓储式购物商场，如山姆会员店、家乐福等，给市民带来了一种全新的便利和实惠的购物体验。2000年后，大型室内购物中心逐渐兴盛，如万象城、海岸城等。购物中心环境舒适，集购物、餐饮、娱乐、互动体验于一身，比分散小型商业更受都市人青睐。近年来新建成的壹方中心、深业上城、万象新天地等大型购物中心，把商业中心设计推向新的高度。此外，深圳也有众多特色鲜明的主题化商业区，如文化创意园、油画村、版画村、珠宝城、钟表城、古玩城等，吸引着不同的消费群体。

5. 文化与体育建筑

深圳先后建造了大量文化建筑，如博物馆、图书馆、音乐厅、电影城等，这类建筑丰富了市民文化生活，提升了城市文化底蕴，让深圳成为一个文化艺术之都。展览类建筑如深圳博物馆、何香凝美术馆、关山月美术馆、华美术馆、大芬村美术馆（国内第一个建在城中村的美术馆）、观澜版画博物馆、深圳科学馆、当代艺术与城市规划展览馆等，观演建筑如深圳大剧院、深圳音乐厅、华夏艺术中心、南山文化艺术中心、保利剧院等，图书类建筑如深圳图书馆、宝安博物馆、深圳中心书城，群众艺术类建筑如老年干部活动中心、少年宫，宗教类建筑如基督教深圳堂、万佛禅寺等，体育类建筑如龙岗大运中心、深圳湾体育中心、宝安体育场，等等。

6. 高校校园建筑

与经济和人口的快速增长相比，深圳的高等教育发展速度相对滞后，但为数不多的高校校园设计却独具匠心、各具特色。1980年代初建造的深圳大学校园，以开放、自由、创新的姿态，吸引了全国人民的眼球，广受赞誉。2002年开始大学城建设，首批建造的北京大学、清华大学、哈尔滨工业大学三个校区美轮美奂。近年来，陆续建成了南方科技大学（2011年）、深圳大学西丽校区（2017年）、香港中文大学深圳校区（2017年）、北理莫斯科大学等（2018年），每个校区均以国际设计竞标的方式，保证了大学校园的设计水准。

7. 既有建筑改造与再利用

尽管深圳建市时间不长，但建市初期的工业厂房、住宅楼、办公楼、城中村等先后进入了更新改造期。深圳在既有建筑的改造和利用方面取得了可喜成绩和宝贵经验。华侨城创意园将原有的多层厂房改造成为工业风浓郁的艺术产业园区；南海意库将蛇口最早的工业厂房改造为生态绿色的精品商业街；华美术馆的主体建筑原是深圳湾大酒店的旧仓库和洗衣房，建筑师在原有建筑结构之外叠加了一个六边形钢与玻璃表皮，新旧材料相互融合，别有寓意。此外，深圳这块土地上也不乏历史古迹，如大鹏所城、南头古城、客家民居、广府围村、鸦片战争遗址、东江纵队遗址等，对这些历史遗迹古迹的保护、利用已取得初步成效。但不可否认，有许多具有留存价值的建筑被粗暴地破坏或拆毁，令人痛心。

8. 绿色节能建筑

深圳建筑在适应亚热带气候、利用先进科学技术、通过绿色建筑评价认证方面取得了明显成绩。深圳市建科大楼2011年荣获国内绿色建筑评比的最高奖项——全国绿色建筑创新一等奖，同时也是国家低碳生态示范项目；万科中心为国内首个获得美国绿色建筑协会LEED白金认证的公共建筑；泰格公寓是国内首个获美国LEED银级认证的非商业示范性建筑项目及建设部2005年科技综合示范项目；南海意库为住房与城乡建筑部、科技部的绿色建筑示范项目，拥有国家绿色建筑三星级标识，获国际住协颁发的"绿色建筑示范项目奖"；华侨城体育中心为首批获得国家绿色建筑标识、全国唯一的改扩建三星建筑，2011年荣获国家绿色建筑评比最高奖——全国绿色建筑创新一等奖；龙岗大运中心体育场采用了中水利用、照明节能、风能利用等16项先进绿色技术。

二、深圳建筑38年发展历程

深圳城市38年发展，虽然一路高歌猛进，但也并不是一帆风顺，期间也经历了无数艰难险阻。从时间上看，深圳城市发展大致经历了起步期、二次创业期、转型期及成熟期四个阶段。从空间上看，深圳城市是以罗湖区为起点，以深南大道为轴线，从东向西逐渐延伸，依次是罗湖区、福田区、南山区、宝安区、前海中心区等。在深圳发展的每个历史时期都留有许多可歌可泣的建筑事件和历史标志性建筑。

1. 1980~1990年，起步与朴素建筑时期

1978年底中共中央十一届三中全会召开，作出把党的工作重心转移到社会主义现代化建设上来、实行改革开放的战略决策。1979年1月，广东省委发文成立深圳市，3月获得国务院正式批准。1980年8月26日，国务院批准设立深圳经济发展特区。由此，深圳市分为特区和非特区两个部分组成，特区内327.5km^2，特区之外1577km^2。

深圳位于广东省南端，与香港仅一河之隔，这里原属广东省宝安县。当年宝安县人口约30万人，县城内只有两条水泥路，一条是人民路，一条是解放路，全长不到2km。

由于经济特区享有的特别优惠政策，深圳从一开始就吸引了各路人才和资金，其中包括两万多名基建工程兵南下进驻深圳，他们成为深圳早期建筑施工的主力军。但深圳发展是"摸着石头过河"，很多事情无法可依，开拓者每一步都走得惊心动魄。

1979年7月，蛇口响起了填海建港的开山炮，被称为中国改革开放和深圳经济特区建设的第一炮。1982年底，蛇口水湾头村临海的滩涂地上，6幢多层"三来一补厂房"悄然竣工，次年9月三洋株式会社厂房竣工。1983年，源自法国的退役远洋客轮——明华轮定居蛇口，改造成"海上世界"对外开放，迅速成为享誉全国的娱乐景点。

电子大厦　　　国贸大厦　　　南海酒店　　　　　联检大楼　　　　　上海宾馆

　　1980年代初期，紧邻香港口岸的罗湖区开始了紧锣密鼓的建设，成为早期深圳特区建设的主战场。市政府筹建了一批重要建筑工程，包括八大文化设施（科学会堂、博物馆、图书馆、体育中心、影剧院、电视台、深圳大学、新闻中心）、五个工业区（蛇口、沙河、上步、八卦岭、水贝）、五大公园（荔枝公园、儿童公园、人民公园、仙湖植物园、中外古典园林游艺中心）、两大购物中心（上步商业中心、罗湖商业中心）。此外，深圳火车站、罗湖车站联检大楼、南头石油城、南头科学工业园等全面启动。1980年代也是住宅严重短缺时期，这为后来深圳房地产开发商的崛起创造了市场机遇。

　　1981年，电子大厦破土动工，两年后建成。大楼20层，高69.9m，成为当年深圳第一栋高层建筑。随后，电子大厦周围逐渐形成电子通信交易聚集地，最终，华强北路一带发展成为"中国电子第一街"。1981年深圳国际商业大厦推出"工程招投标"建设方案，开创中国内地工程招投标先河。国商大厦1983年建成，楼高90m，为当年深圳最高楼。

　　1983年罗湖口岸联检大楼及配套项目动工，两年后投入运营。联检大楼连接着深圳和香港，是我国人流量最大的陆路出入境口岸，也是最早实行一站式联合检查的口岸。同年，深圳博物馆开始征地、设计，次年开工，1988年正式对外开放。深圳博物馆被评为深圳早期十大标志性建筑之一。这一年，东湖丽苑住宅开始出售，成为中国第一个可以买卖的商品房小区。

　　1983年国务院批准创办深圳大学。在没有校舍和师资的条件下，大学第一年就开始招生，由此产生深圳第一所全日制高等院校。深大校园坐落在南山区一片面海的荔枝林中，经过几年建设，一座实用、简约、轻盈的现代化校园拔地而起。其中由梁鸿文教授设计的演会中心，开创了低成本、低能耗的绿色建筑先河。深大校园被评为中国十大最美校园之一。

　　1984年深圳国际贸易中心大厦开始建设。大厦占地面积2万m^2，建筑面积10万m^2，是一栋由国内建筑师独立设计（总设计师朱振辉）、施工和实施物业管理的多功能超高层建筑。国贸大厦53层，总高160m，当年为中国最高的综合办公建筑。

深圳大学教学区　　　演会中心　　　　　科学馆　　　　　　华联大厦

国贸大厦仅用一年时间建成，创造了"三天一层楼"的施工速度，成为"深圳速度"的象征，邓小平称它是"诞生神话的地方"。与国贸大厦相邻的人民南路一带先后建起了天安国际商场、西武百货、友谊城百货（深圳第一座大型商场）、泮溪酒家（深圳第一幢高档酒楼），由此人民南路成为深圳最早、最繁华的商业街。

1985年，位于深圳深南中路西端的上海宾馆开业。这栋11层高的宾馆当年地处深圳城区最边缘，西向进出深圳的人车必经此处，因而对早期深圳人来说，上海宾馆家喻户晓。

1985年，香蜜湖度假村（又名中国娱乐城）开业。度假村占地面积49万m^2，设置了亚洲最大的双环过山车，亚洲最高的46m摩天轮，被称为"中国主题公园鼻祖"。度假村在当年风靡深港两地，是为深圳的必游之地、"鹏城十景"之一。遗憾的是度假村在2011年关闭，如今已难觅踪迹。

1985年，华侨城开始筹建锦绣中华、民俗村、世界之窗，拉开了中国内地"主题公园"建设序幕。

1986年开业的蛇口南海酒店（陈世民大师设计）是一家集住宿、餐饮、商务、会议、旅游等服务功能于一身的五星级大酒店。建筑斜坡式形体与滨水岸线和谐统一，外观特色鲜明。

1987年，深圳率先放开土地租赁市场。土地拍卖的"第一槌"引发新中国土地使用制度的"第一场革命"。同年，深圳科学馆竣工（何镜堂大师设计），其独特的八角造型，至今仍独树一帜。

1988年10月华联大厦建成。大厦位于深南中路，顶端四面设有8m见方的巨大石英钟，俗称"大钟楼"，成为深南中路上一道风景。同年，华侨城东方花园建成，成为深圳最早的别墅区。

1989年开业的深圳大剧院，在提升市民文化生活品质、开展国际文化交流方面发挥了重要作用。同年，深圳布吉农产品中心批发市场开业，在国内率先探索农产品流通体制改革，为深圳人的餐桌提供了充足、新鲜、价廉的食物。

2. 1990～2000年，二次创业与大型建筑时期

经过十年的高速发展，深圳取得了世人瞩目的成就，但也恰逢某些全国性政治风波，深圳经济改革经验受到一些保守人士的怀疑和批评。1992年1月，88岁的邓小平开始了他的著名南方之行，在视察了深圳等地之后，小平提出"要抓紧有利时机，加快改革开放步伐，力争国民经济更好地上一个新台阶"。小平南巡讲话，为中国特色社会主义市场经济发展道路奠定了思想基础，在全国掀起了新一轮改革开放的热潮。同年，全国人大授予深圳经济特区立法权，为深圳经济特区发挥"试验田""窗口"作用提供了强有力的法律保障。此时，国家开始完善城市规划制度，《城市规划法》在1990正式生效。

1990年代中期，全国进入改革开放大时代，深圳特区政策优势已不再明显，经济出现短暂的回落和低潮。市政府当机立断作出经济转型重要决策，决心把第三产业作为深圳的支柱产业，劳动力密集型产业逐步向资本密集型与技术密集型产业转化。此时，福田中心区开始规划建设，深圳特区外宝安县逐步推进城市化改造，撤县建区。1997年与1998年，深圳市政府分别颁布了《深圳市城市规划标准与准则》《深圳市城市规划条例》等建筑法规。

1990年代是深圳商品住宅创新发展期，万科的城市花园、坂田四季花城等住宅楼盘，风头一时无贰，成为全国住宅开发、设计的学习榜样。

1990年，深圳发展中心大厦（深圳华森建筑设计）开始建设。这是一幢集酒店、办公、商业和娱乐等多功能于一身的超高层建筑。建筑主体高度146m，1992年10月竣工。大厦圆柱形主体线条简洁流畅，银灰色玻璃幕墙极富时代感，体现了特区所具有的活力。大厦在国内首次采用隐框式玻璃幕墙，在技术上有多项创新。

1991年10月，9万多平方米的深圳新火车落成（陈世民大师设计），小平同志欣然题写"深圳"两个大字。同年深圳机场通航，两年后开通国际航线。至此，深圳海陆空现代立体交通体系初步形成。

1993年创办深圳职业技术学院，探索高技能人才培养的新模式，成为全国首批

深圳大剧院

深圳火车站

世界之窗

国家示范性高等职业院校。

1989年11月华侨城"锦绣中华"开业，成为世界上最大的实景微缩景区；1991年10月"民俗村"开业，1994年6月"世界之窗"开业。华侨城的三大主题公园成为深圳必游项目，经济效益也十分可观，也引发了全国性的人造景点热潮。

1995年底，深圳电子科技大厦建成（深圳奥意建筑设计）。大厦46层，高度180m多，成为当时深南路上最突出的建筑。

1996年深圳地王大厦竣工（美籍华裔建筑师张国言设计），正式名称为信兴广场。大厦高69层，总高度324.8m，当时为亚洲第一高楼、世界第四高楼。这个深圳第一高楼的纪录保持到了2011年。"80年代看国贸，90年代看地王"，成为深圳的一句流行语。

1997年1月，深圳发展银行竣工（陈世民大师设计）。大厦地面34层，地下3层，楼高183.8m，雄伟壮观三角形外观，使其成为深南大道上非常醒目的地标。

1997年，深圳特区报业大厦落成投入使用（深大龚维敏设计）。大楼50层，最高处260m，被称为"新闻巨舰"，是深圳文化产业发展的重要标志。同年10月，特区报大厦对面的五洲宾馆建成开业（深大黎宁设计）。宾馆主楼高10层，设有156套豪华客房和多个宴会厅，成为深圳最高级的宴会和会议接待场所。

1998年起，全国电子产品集散中心——华强北商业街开始第一轮升级改造。1999年9月，地处华强北路口的赛格广场大厦完工（陈世民大师设计）。大厦72层，总高度355.8m，为当时深圳第二高楼，亦是世界最高的钢管混凝土结构大楼。

1999年10月，东门商业步行街第一期改造工程全部竣工。老街广场和风貌街正式与市民见面，成为深圳商贸业的一面旗帜。"没到东门老街，就不算来过深圳"流行一时。

1999年12月28日，深圳地铁一期工程举行开工典礼，拉开了深圳轨道交通体系建设的序幕。五年后，深圳地铁第一条线路正式开通运营，深圳由此成为中国大陆第五个拥有地铁的城市。

1999年，深圳虚拟大学园开始建设。虚拟大学园是以"一园多校、市校共建"的模式建设的产学研创新区，是国家科教改革的重要载体和先行示范单位。

发展中心大厦

电子科技大厦

地王大厦

特区报大厦

万科四季花城

3. 2000～2010年，第三产业与后现代建筑期

进入2000年后，深圳经济成功转型，活力逐渐回升。深圳四大支柱产业形成，高新技术、现代物流、金融以及文化产业占深圳GDP的60%以上。

2000年以后，深圳的城市规划制度进入成熟时期。深圳开展了一些列针对法定图则的研究，颁布了《深圳市密度分区规定》《深圳市法定图则编制技术规定》《深圳市土地使用相容性规定》《深圳市城市规划标准与准则》等规划和建筑法规。2002年，联合国环境保护署授予深圳环境保护"全球500佳"称号。2005年，深圳被评为首批全国文明城市。同年《深圳市基本生态控制线管理规定》出台，深圳成为国内首个划定基本生态控制线的城市。2006年《深圳2030城市发展策略》出台，这也是国内第一个法定化的城市发展策略。2008年，国家发改委《珠三角地区改革发展规划纲要》确定深圳"一区四市"的定位，即综合配套改革试验区、全国经济中心城市、国家创新型城市、国际化城市和中国特色社会主义示范市。同年，联合国教科文组织授予深圳"设计之都"称号，深圳成为全球第六个、中国首个获此殊荣的城市。2009年深圳获"杰出的发展中的知识城市"称号，也是中国首例。同年，国务院批准《深圳市综合配套改革总体方案》。《深圳城市更新办法》的颁布实施，为释放土地空间、集约高效利用土地资源特供了法规保障。

2000年代，福田中心区主要建筑相继完工，南山后海片区规划完成，开始大范围的填海造地，宝安新区开始建设，特区外的城市化改造全部完成。此时深圳住宅相对短缺，深圳商品房房价还处于一个相对较低的区间。

2000年深圳数码港开始运营，这是中国内地第一家由政府、金融机构与企业同同创办的软件、网络高新技术企业孵化器。同年，深圳大学城开始筹建，成为国内最早的地方政府与著名大学合办的研究生院校群。首批进入大学城的高校为清华大学、北京大学和哈尔滨工业大学。

2001年，深圳大鹏所城被国务院列为全国重点文物保护单位，其后被建设部和国家文物局公布为中国历史文化名村。

2001年9月，招商大厦竣工（美籍华裔建筑师李名仪1996年开始设计）。大厦位于深南大道农科中心，博士帽造型引人注目。大厦建筑面积11.9万m^2，地上53层，建筑高度237.2m。

2004年深圳市民中心（美籍华裔建筑师李名仪设计）经过长达6年的建设终于启用。市民中心总建筑面积达20万m^2，其生动的大鹏展翅形象，成为市民津津乐道的话题。

2004年深圳会展中心竣工（德国GMP公司设计）。这是深圳最大的单体建筑，东西长540m，南北宽282m，总建筑面积28万m^2，总投资32亿人民币。

深圳书城中心城（日本黑川纪章建筑设计事务所设计）2004年7月开工，2006

赛格广场　　招商大厦　　市民中心　　　　　　　文化中心　　　　　　　万象城

会展中心　　　　　　华侨城创意园　　　　　深圳湾口岸　　　　　　万科第五园

年11月正式开业。书城经营面积达4.2万 m²，号称世界单店经营面积最大的书城。

2006年，深圳文化中心建成（日本建筑大师矶崎新设计）。文化中心包括图书馆和音乐厅两座建筑。图书馆面积近5万 m²，日均可接待读者8000人次。音乐厅采用先进的纯自然声技术，于2007年10月12日举行首场演出。

2004年12月，万象城购物中心开业。万象城融零售、餐饮、娱乐、办公、酒店、居住等诸多功能于一体，开创了深圳大型购物综合体建设的先河。

2004~2005年，华侨城将一批旧厂房改造为创意产业园，为设计师、艺术家提供工作场所。改造后的创意园具有浓厚的工业艺术风格（都市实践设计），颇受文化艺术爱好者的欢迎。

2005年，万科第五园开盘（北京院王戈设计）。项目位于龙岗区布吉镇坂雪岗南区，总用地面积13万㎡，建筑面积12.5万㎡，容积率0.96。项目使用现代手法对中式传统住宅进行演绎，万科将其打造成了现代中式建筑第一楼盘。

2007年7月1日，深圳湾大桥建成，深圳湾口岸（又称深圳湾旅检大楼，孟建民大师设计）启用，以庆祝香港主权移交十周年。时任国家主席胡锦涛与香港行政长官曾荫权等主持启用典礼。

2007年，南山区商业文化中心——海岸城建成投入使用。海岸城集购物、休闲、娱乐、餐饮于一身，是南山区经营面积最大的现代大型购物中心。

4. 2010~2020年，成熟及超高建筑期

深圳持续上个十年发展势头，进入一个新的大发展时期。

2010年，国务院批准深圳经济特区范围扩大到深圳全市范围，深圳经济特区面积从327.5km²扩大至1952.8km²。运行了30年的深圳经济特区管理线"二线关"正式撤销。国务院批复同意《前海深港现代服务业合作区总体发展规划》，明确把前海建设成为粤港现代服务业创新合作示范区。深圳启动实施"人才安居工程"，在中国内地率先将住房保障覆盖面由低收入群体扩展到各类人才以及非户籍常住人口。2010年代末，深圳后海区片区基本建成，前海中心区加紧建设，空港城、深圳湾超级总部基地开始规划。

2010年南方科技大学获得教育部批准，2011年开始招生。南科大校园（深圳筑博总体规划）占地面积2915.7亩，规划建筑面积70多万平方米。2014年一期工程投入使用，2018年二期工程全面开工。

2007年1月17日凌晨，从意大利都灵传来深圳成功申办2011年第二十六届夏季世界大学生运动会的喜讯。此后，深圳开始一系列大运会准备工作，包括建设系列运动会场馆，完善城市交通、酒店、设施以及市容整治工作等。2011年3月24日，深圳大运中心"一场两馆"（德国GMP方案设计）工程体育场、体育馆、游泳馆正式通过竣工验收，独特的三角形"山水石"玻璃外壳，既浪费而又不美观。作为大运分会场的深圳湾体育中心（日本佐藤综合计画设计）同期竣工，其"一场两馆"被置于一个白色巨型网格状钢结构屋面下，由此获得"春茧"别称。此外，大运会之前，深圳众多老旧街道和建筑被装饰一新，业界对此举毁誉参半。

2011年京基100（方案设计英国TFP建筑师事务所）竣工。大厦共100层，总建筑面积220000m²，总高度441.8m。大厦取代地王大厦，成为当时深圳最高楼。

2011年8月，深圳证券交易所总部大厦竣工（荷兰OMA的库哈斯大师设计）。建筑总高245.8m，总建筑面积26.7万m²。大厦外观由方正的塔楼和空中悬挑的裙楼组成，塔楼高度245.8m，裙楼悬挑高度达到36m，出挑22m，为国内罕见的巨型悬挑超高层建筑。

2011年建成的南山婚礼堂（都市实践孟岩设计）与2017年建成的香蜜湖婚姻登记处（南山原创刘珩设计），是两座代表性的小而美的建筑。

2012年港大医院（深圳总院孟建民院士团队设计）建成，深圳的医院建筑达到了一个新的高水准。

T3航站楼

深圳湾体育中心

欢乐海岸

香蜜湖婚姻登记处

蛇口邮轮中心

2013年11月28日,深圳机场T3航站楼正式通航(意大利福克萨斯建筑事务所设计)。T3外形似巨大的飞鱼,室内采用蜂窝式的天窗,动和静对比强烈。有人批评内部设计不符合人的生理习惯,大量的点状设计容易引发乘客的密集恐惧症,但这里还是多次被评为全球最美机场。深圳机场的旅客吞吐量2017年已经超过4500万人次,成为中国第五大航空港。

2014年开业的欢乐海岸开创性地将主题商业与滨海旅游、休闲娱乐和文化创意融为一体,形成全新的商业、娱乐、文化、旅游、生态经营模式,推动了主题性商业建筑的创新和发展。

2015年,海上世界升级改造完成。海上世界总建筑面积100万m^2,除了重新装修明华轮,还新建了甲级写字楼、高端酒店、商务公寓、文化艺术中心、滨海公园等项目。如今,海上世界这个久负盛名的旅游区更加具有活力和吸引力。

近年来,深圳开始了新一轮的大学校园建设。香港中文大学(2015年,香港许李严建筑事务所总体规划)、北理莫斯科大学(2016年,深圳大学建筑设计研究院总体规划)、深圳技术大学(2018年,深圳大学建筑设计研究院设计总体规划)陆续开工建设。同时,一批新的文化建筑竣工,如观澜版画村展览馆(2016年,CCDI建筑设计)、当代艺术馆与城市规划展览馆(2017年,奥地利蓝天组方案设计)。

近年来,一批外观独特、高度惊人的摩天楼突然出现在城市的天际线之上。平安金融中心大厦(2016年封顶,美国KPF建筑师事务所设计),以598m的高度成为深圳第一高楼;腾讯新总部大楼——滨海大厦(2017年竣工,高度248m,美国NBBJ建筑设计事务所设计),以两座相互连接的大楼展现了公司全球互联的理念。华润中心(2018年封顶,392.5m,美国KPF建筑师事务所设计)像春笋一样的尖锥傲立于深圳湾畔,汉京金融中心(2017年12月,359m,美国莫非西斯建筑师事务所汤姆·梅恩大师设计方案)不规则的折叠外表,如同鹤立鸡群。

京基100

证券交易所

腾讯总部中心

平安金融中心

华润总部

汉京中心

三、深圳建筑设计企业与建筑师

深圳近40年的城市建筑发展，以惊人的速度、丰富的种类、杰出的质量震惊世界。深圳建筑奇迹的取得是政府、开发、设计、施工等各方力量共同努力的结果，而建筑师在其中发挥着重要作用。深圳开放的氛围、合理的政策、公平的环境，吸引了大批建筑师投奔这块热土。

1. 深圳建筑设计企业

深圳建筑设计是一个相对开放的设计市场。参与深圳建筑设计的单位，除了在深圳注册的本地企业，也有来自国内其他地方和境外的建筑设计企业。

1. 本地建筑设计企业：深圳本地设计院是深圳建筑设计的主力军。2018年深圳建筑勘察设计企业250多家，从业人员超过10万人。深圳大型建筑设计院有深圳总院、华森建筑、华艺、CCDI、华阳、机械院、电子院等。

2. 内地建筑设计企业：国内众多建筑设计院在深圳承接设计项目，如广东省建筑设计院、广州市建筑设计院、华南理工大学建筑设计院、上海华东院等在深圳留下了大量优秀建筑作品。一些大设计院在深圳成立了子公司，如清华大学、同济大学、东南大学、北京市建筑设计院等都在深圳设立子公司。

3. 香港地区与境外建筑设计企业：香港建筑师事务所最早进入深圳。2000年之后，美国KPF（平安总部、华润总部）、SOM（新世界中心）、德国GMP（会展中心、大运中心），荷兰OMA（证券大厦），丹麦BIG（能源大厦）等世界著名建筑事务所先后参与深圳建筑设计，并留下了不少反响巨大的建筑作品。

2. 深圳建筑设计师

1) 深圳本土建筑师

深圳市工商登记的建筑设计企业250多家，从业人员1万人。其中，具有一级注册建筑师资格的建筑师1000多人，二级注册建筑师500人。如按年龄划分，可把深圳建筑师分为老中青三代。

"文革"前大学毕业的老一辈建筑师，代表人物有陈世民、陈达昌、陈文孝、楚锡璘、高磊明、黄厚泊、孔力行、赖聚奎、李继生、李维信、李泽武、梁鸿文、刘毅、刘冠豪、卢小荻、潘玉琨、彭其兰、钱伯霖、吴家骅、吴经护、徐显棠、许安之、张道真、赵嗣明、郑乃圭、朱守训、左肖思、曾繁智、董善白、皮月秋等。

"文革"后毕业的中青年建筑师，代表人物有孟建民、陈邦贤、陈日飙、陈炜、费晓华、冯果川、龚维敏、郭晓黎、郭智敏、黄晓东、黄河、侯军、李舒、李朝晖、林毅、林镇海、林彬海、刘战、陆强、马旭生、毛晓冰、钱欣、全松旺、任炳文、覃力、汤桦、王晓东、韦真、徐金荣、俞伟、杨为众、赵宝森、钟兵、庄葵等。

此外，还有一批海归建筑师在深圳执业，如都市实践的刘晓都、孟岩，欧博的冯越强，南沙原创的刘珩等。

2）参与深圳建筑设计的国内著名建筑师

如北京吴良镛院士（深圳城市规划编审），广州何镜堂大师、院士（深圳科学馆等），香港严迅奇大师（宝安区图书馆），北京崔愷大师、院士（蛇口明华船员基地），北京张永和（第一届深双策展人），上海马清运（深双策展人）等。

3）参与深圳建筑设计的国际著名建筑师

美国理查德·迈耶（华会所）、斯蒂芬·霍尔（深圳万科中心）、汤姆·梅恩（汉京大厦），荷兰雷姆·库哈斯（深圳证券交易所），日本矶崎新（深圳文化中心）、槙文彦（蛇口海上世界文化艺术中心），意大利福克萨斯（深圳机场 T3 航站楼），奥地利普瑞克斯（深圳当代艺术博物馆与城市规划展览馆）等。

3. 深圳建筑的教育中心——深圳大学建筑与城市规划学院

深大建筑系创办于 1984 年，初期由清华大学建筑学院援建，校长罗征启，第一任系主任汪坦教授，第二任系主任李承柞直接由清华大学派出。学院吸引了一批著名的建筑教育家，如乐民成、卢小狄、梁鸿文、许安之、黄莘南、吴家骅、仲德崑、覃力、王鲁民等教授。深大坚持学研产一体化办学道路，培养了一大批建筑设计人才，如祝晓峰（上海山水秀建筑创始人）、张之杨（局内建筑创始人）、张健蘅（健蘅建筑主持人）等，他们活跃于世界各地，也设计出了如深圳大学校园建筑群、国家大剧院入围方案、深圳高铁北站等影响巨大的建筑。

4. 深圳建筑师管理机构——深圳市注册建筑师协会

深圳市注册建筑师协会成立于 1998 年，是国内为数不多、与国际接轨的注册建筑师个人组织。协会现有企业会员 50 多家，个人会员近 2000 人。历届会长（秘书长）为李承柞、卢小狄、刘毅、艾志刚、张一莉等。协会主要业务活动范围，包括注册建筑师继续教育，建筑专业高、中级职称评审，优秀建筑作品与建筑师评选。2015 年 6 月 28 日与深圳大学建筑学院联合举办首届"创建深圳学派"论坛，近年来参与香港建筑学会"海峡两岸与香港、澳门建筑艺术大奖"筹备活动。协会组织编辑了《注册建筑师设计手册》《建筑师技术手册》《建筑师安全设计手册》等图书，获得市场好评。2018 年主持深圳市住建局"建筑师负责制"研究。2017 年协会获得了深圳市民政局授予的 5A 协会、深圳市科协颁发的"深圳市优秀学会"等荣誉称号。

第1章 公共建筑

集约高效，开放创新
——深圳公共建筑发展40年总论（黄晓东） /032

1- 深圳大鹏半岛国家地质公园博物馆 /040
2- 深圳创维数字研究中心 /042
3- 深圳天健创智中心 /044
4- 深圳市福田区行政办公楼 /046
5- 深圳市福田图书馆 /047
6- 深圳市规划大厦 /048
7- 深圳中海凯骊酒店 /050
8- 深圳证券交易所 /052
9- 深圳市太平金融大厦 /053
10- 深圳大运中心体育场 /054
11- 深圳市嘉里建设二期 /055
12- 深圳能源大厦 /056
13- 深圳市信息大厦 /057
14- 南方博时基金大厦 /058
15- 华侨城欢乐海岸—华会所 /059
16- 深圳当代艺术馆与城市规划展览馆 /060
17- 南山文化馆 /062
18- 深圳龙岗创投大厦 /064
19- 深圳前海华侨城JW万豪酒店 /066
20- 中国版画博物馆 /068
21- 万科中心 /070
22- 深圳平安金融中心（北塔） /072
23- 百度国际大厦 /073
24- 南山文体中心 /074
25- 深圳顺丰总部大厦 /075
26- 深圳中电长城大厦 /075
27- 深圳铁路新客站 /076
28- 深圳盐田国际行政大楼 /076
29- 深圳广电金融中心 /077
30- 深圳坪山体育中心二期网球中心 /077
31- 深圳机场T3航站楼配套商务区 /078
32- 深圳前海自贸大厦 /078
33- 深圳商报大厦 /079
34- 宝利来国际酒店 /080
35- 深圳市档案中心 /082
36- 西丽文体中心 /084
37- 深圳文化中心 /086
38- 深圳市青少年活动中心 /088
39- 深圳市龙岗区基督教布吉堂 /090
40- 福田体育公园 /092
41- 华安保险总部大厦 /093
42- 深圳前海国际会议中心 /094
43- 深圳湾超级总部基地城市展厅 /095
44- 深圳大运中心主体育馆 /096
45- 2011年世界大学生运动会国际广播电视新闻中心（MMC） /098
46- 深圳地铁北站东广场C2地块 /099
47- 璟霆大厦 /100
48- 中国人民银行深圳支行改扩建工程 /101
49- 深圳市公安局龙华区民新派出所建筑设计 /102
50- 蛇口微波山改革开放纪念馆 /104
51- 深圳图书馆 /106
52- 香格里拉 /106
53- 国际金融大厦 /107
54- 深圳地铁文化体育公园 /108
55- 深圳市残疾人综合服务中心 /110
56- 光明新区公明文体中心 /112
57- 海上世界文化艺术中心 /114
58- 卫星大厦 /116
59- 福田科技广场 /118
60- 中国人寿大厦 /120
61- 深圳市清真寺 /122

集约高效，开放创新
——深圳公共建筑发展40年总论

• 黄晓东　深圳市建筑设计研究总院有限公司总建筑师，高级建筑师

光阴荏苒，日月如梭。改革开放40年，作为第一个经济特区的深圳已从一个南海之滨的边陲小镇发展为一个全国经济中心城市和国际化城市，同时也是国家创新型城市、国际科技产业创新中心、全球海洋中心城市、国际性综合交通枢纽，三大全国性金融中心之一。深圳城市建设的迅猛发展及其取得的巨大成就史无前例，举世瞩目。深圳的城市建设成就非常突出，其中公共建筑的发展更是杰出代表。

公共建筑是指供人们进行各种公共活动的建筑，一般包括办公建筑、商业建筑、旅游建筑、文化体育建筑、交通建筑以及其他公共服务设施等。公共建筑的发展，从一个侧面反映了深圳的发展历程。

一、发展历程

深圳公共建筑的发展与城市的发展密不可分。特区初创之处，深圳的文化建筑几乎是从一张白纸开始。自1983年起，深圳市图书馆（现为少儿图书馆）、深圳大学、深圳电视台、深圳大剧院、深圳体育馆、科学馆、新闻中心、博物馆等八大文化设施陆续建成使用，奠定了深圳公共建筑的基础。同时，"锦绣中华""中国民俗文化村""世界之窗"及一系列旅游设施的开发建设也迅速提升了深圳的旅游声誉。

深圳市科学馆

大鹏地质博物馆

深圳市当代艺术与城市规划馆

随着特区的发展,深圳的城市配套及旅游设施逐渐完善,华侨城欢乐谷、东部华侨城等系列主题公园相继落成,大小梅沙、红树林及深圳湾海滨休闲带的完善,以及如大鹏所城、大万世居等传统民居的保护性开发等,成就了深圳作为全国优秀旅游城市的地位。

深圳注重文化建设,市民热衷读书学习。截至2017年,深圳有各类公共图书馆632座,拥有博物馆、纪念馆47座,美术馆11座,拥有广播电台1座,电视台2座,广播电视中心3座。这类场所一直就是市民高度聚集的热点。深圳的博物馆建设方兴未艾，其中有新旧两座深圳市博物馆、深圳当代艺术馆与城市规划展览馆、大鹏地质博物馆、中国版画博物馆、大鹏古城博物馆、东江纵队纪念馆和中英街历史博物馆等，各具特色，各领风骚。深圳美术馆、何香凝美术馆、关山月美术馆等一批博物馆也以优秀的设计与丰富的展品吸引着市民与游客。

深圳大剧院、深圳音乐厅、保利剧院，以及各区的观演建筑一直是深圳市文化设施中的标志性建筑，而众多的电影院随着商业综合体建设的蓬勃发展合理地全面铺开。深圳市基督教堂、天主教堂、深圳市清真寺等各类型的宗教建筑随着城市人口的增加陆续出现。

深圳人热爱各种户外运动，各种山海步道、各种户外自行车路径遍布全市。深圳市体育中心、龙岗大运体育中心、深圳湾体育中心、宝安体育中心，以及罗湖体育中心、南山文体中心、西丽文体中心等建筑都设施良好，分布合理，提供了优良的条件与氛围，与这座城市的朝气蓬勃的新气息相互辉映。

深圳用地紧张、紧邻香港，这座城市流淌着创新、探索的血液，深圳也就不出意外地以高层建筑而闻名，从早期的深圳国贸大厦、深圳地王大厦，到近来的深圳京基100、深圳平安金融国际中心无不是其中翘楚，引领国内超高层建筑建筑的发展，招商银行大厦、深圳市证券交易所大厦、能源大厦、博时基金大厦、汉京金融中心、华润中心、腾讯大厦等一大批超高层建筑同样代表了国内超高层设计与建造的最高水平。

公共建筑在深圳的存在与发展，体现了这座城市的历史，也可说是整个中国开放改革过程的浓缩与记载。

地王大厦

京基100

平安大厦

二、风格特点

2017年，深圳市GDP达2.2万亿。高增长的背后，深圳的城市建设发挥的作用与其社会效益不言而喻。40年的建设实践，深圳市公共建筑的设计实践积累了丰富的经验，显示出如下风格与特点：

1. 规划先行，布局均衡

深圳市的城市规划与城市设计的先进性、执行的力度有目共睹。制约于城市用地特点，深圳的城市发展有着各种局限，但却造就了城市的丰富多彩。公共建筑根据城市规划的要求与城市发展的需要，合理地布局与建设。就文化建筑与体育建筑而言，均以合适的规模在相对合理的服务半径范围内建设。深圳市体育中心、龙岗大运体育中心、深圳湾体育中心、宝安体育中心、罗湖体育中心、南山文体中心、西丽文体中心均已成为体育赛事、全民健身的中心，而周边的众多体育休闲设施也走向系统化、整体化。文化博览建筑也同样如此，并扎根于当地的文脉，老街改造、大鹏所城的保护开发等，均是成功案例。

深圳市中心区的建设就是城市规划、城市设计的成功典范。城市用地的有效利用，城市绿地资源的系统化维护，街区城市设计与法定图则的严守，这些都是这座城市有序发展的保障，它们有效维护区域内持续的理性开发与运营，并取得了良好的整体效果。

2. 示范引领，丰富多样

深圳发展最大的特点是敢于实验、勇于创新。

特区发展初期，深圳公共建筑的实验性尤为明显，实验的成功可供全国借鉴，失败则可以为其他城市引以为戒，也成为全面引进国外及港澳地区先进的建筑开发、建设、设计甚至运营技术与经验的窗口。

改革开放40年，深圳的发展走向更为成熟。特别是近十多年，深圳的城市建设已走出高速发展期而走向理性发展期。公共建筑的发展亦从追求形象效果，逐渐发展为以人为本、关心使用者与市民公共活动的需求，同时兼顾良好的形象与务实的经济效果。无实际意义的标新立异的公共建筑在深圳并无存在的土壤。

深圳市中心区的城市设计成果非常突出，交通组织、空间围合、立面造型均以整体出发，更重要的是其中的工作生活的有效组织令该片区充满生机，堪称典范。而穿插其中的市民中心、中心书城、音乐厅与图书馆、当代艺术馆与城市规划展览馆无一不是设计精品。

在商业建筑方面，深圳万象城、欢乐海岸开创了国内商业消费与市民休闲生活相

结合的新模式,蛇口海上世界更是从无到有、发展、更新而始终成为城市休闲交往中心,成为一个城市发展史的缩影。

创新是深圳建筑的永恒主题,创新使深圳的公共建筑在全国行业具有一定的示范效果。

3. 高度集约,互通便捷

深圳总面积1997.27km^2,截至2017年末,深圳常住人口1252.83万人,实际管理人口超过2000万,城市化率100%。数据表明,深圳是全球最高密度的城市之一。城市作为生活与工作的容器,不可避免地采取了高密度高集约的模式,但令人骄傲的是,深圳市仍然是全国绿化先进城市,人均绿化面积名列前茅。

深圳一直在不断地探索以高度集约、互通便捷的模式进行建设开发,不仅仅提高建筑密度,而是采取混合开放,多层次、立体化构建组合的方式营造高效宜人的空间。以深圳市中心区为例,这片区域集合了政务、酒店、办公、会议、展览、休闲娱乐、文化博览等功能,而以绿化步行系统加以串联,配合便利的交通配置,成为一个混合的活力街区。

而深圳湾科技生态园则是近年来的另一个成功案例。园区规定容积率高达6.0,超高层建筑较多,集合了研发办公、酒店、商业和公寓等功能,土地资源效益非常明显。设计采用"多层地表"的手法,竖向设计了三大互联平台体系,结合下沉庭院及空中庭院,层次丰富,互联通达。周边地铁、公交系统完善,园区地下停车、行车交通整体设计,高效便捷。

这种高集约而高效的建筑集群在深圳比比皆是,也成为城市生活的活力之源。

4. 理性发展，注重效益

"时间就是金钱，效率就是生命"，这句耳熟能详的特区初期就提出的口号始终影响着深圳人。追求效益、务实、创新的因子一直都在深圳人的体内。深圳公共建筑设计、建造、运维的全过程无一不充满着理性而高效益的印记，虚空的方式从来不是深圳人的选项。

深圳市的公共建筑在注重形象的同时，对于效益尤为重视。实在这种特性反映在深圳的文化实施、办公酒店等建筑上。很具人气的深圳中心书城就采用了平实的造型，用自身构筑城市中轴的高架步道。而内部合理的布局、丰富的空间变化、便捷的交通流线造就了一个市民流连忘返的场所。

5. 多样包容，公共开放

深圳可能是国内市民意识最强的城市，是一个思想活跃、开放、包容的城市。这种氛围影响到深圳建筑师的公民意识，使他们在设计中重视空间的公共利益，让建筑能尊重市民、服务市民。"来了就是深圳人"，典型的移民城市特质吸引着来自各方的人群，开放的氛围鼓励着大家都对共同的家园有着莫名的参与欲望。

深圳市民中心以舒展的"大鹏展翅"、轻盈通透的形态欢迎着各方宾客。有别于其他一些地区的政府部门，市民中心不但没有围墙，而且中央开放通畅，市民可以穿越中央平台，徜徉在市民广场与伫立着伟人邓小平铜像的莲花山之间。站在市民中心中央平台、莲花山观景平台之上眺望深圳的中心区，对这座城市的热爱也就油然而生。围绕着中轴的中心书城、深圳当代艺术馆与城市规划展览馆、深圳音乐厅和图书馆、少年宫等公共建筑各具特点，展示了良好的公共特质，一直是市民休闲聚集的热门场所。

深圳的公共建筑特质不仅反映在文化体育建筑中，在办公建筑中也同样表现无遗。中心区的深圳证券交易所广场大厦将常规落地的裙楼抬升，大梅沙的万科中心将高层的体量全部"卧倒"并将底层全部架空十几米，这些均是为了这座城市，为了市民可以自由地穿行和活动。

建筑单体如此，不同地块、不同业主的建筑之间同样可以呈现互让共生的包容心态，相互协调。深圳政府部门通过城市设计、城市工作坊、城市仿真等多种方式进行重点地段的协同与互动，吸纳不同阶层市民的声音，采用多维度的设计视角，让设计回归对使用者的关注本身及区域的互联与交融，共生、共享、共赢，创造出空间立体、功能复合、人性化、生态化的城市空间。

这就是深圳，一座鼓励公民意识的城市。

大梅沙万科中心

三、设计之都

深圳2008年11月19日获联合国教科文组织批准,加入全球创意城市网络,并被授予"设计之都"称号,成为全球第六个"设计之都"。深圳拥有为数众多、影响全国乃至世界的设计精英。荣膺"设计之都"是深圳创意文化产业发展的一个新起点,是深圳迈向国际化城市的一个新标志。

随着深圳的发展,深圳的建筑设计机构众多。这片热土造就了一大批业绩骄人的建筑设计队伍。由于地缘优势与持续较大的建设开发量,深圳的建筑师成长迅速,并服务全国,其作品遍布全国各地。深圳建筑师设计的奥运会场馆"水立方"、济南奥体中心、杭州体育中心、西宁市海湖体育中心均为国内体育建筑的典范之作,而云南博物馆新馆、蚌埠博物馆档案馆及规划馆、渡江战役纪念馆等文化建筑则享誉全国。

四川汶川地震、玉树地震等救灾行动,踏满了深圳建筑师的足迹,表现突出,在四川、甘肃、青海的援建中作出了较大的贡献,其中玉树地震遗迹纪念馆、北川行政中心等均是其中佳作。

值得一提的是,深圳香港城市建筑双城双年展越办越好,蜚声国际。这一活动于2005年创办,为全球唯一长期关注城市或城市化的双年展。双城双年展立足其所在的珠三角地区急剧城市化的地域特点,关注全球普遍存在的城市问题,用当代视觉文化的呈现方式，与社会公众广泛交流互动，具备国际性、先锋性、公益性。

设计之都，也是活力之都。

四、发展展望

深圳公共建筑的建设发展是一个功能从单一到复合、容量从低密度到高密度、建筑质量与艺术成就从低至高的过程。深圳公共建筑的发展聚焦表现在从关注空间到关注人，从满足单一功能到关注互通包容的复合功能满足。深圳质量也成了各行各业的要求与准则。植根城市、技术集合、互联共享，集约高效，绿色智慧应该是我们新型公共建筑的设计策略，也综合体现在问题解决、材料选择、技术采用、未来预测，乃至造型控制与立面推敲等方面，相信健康、人文、高效的积极探索将会给我们的城市发展提供持续的动力。

深圳的明天将会更加美好！

深圳大鹏半岛国家地质公园博物馆

设计单位：香港华艺设计顾问（深圳）有限公司
合作单位：深圳市北林苑景观及建筑规划设计院有限公司
项目地点：深圳
设计时间：2009 年
竣工时间：2012 年
用地面积：37550.65m²
建筑面积：8078.08m²

项目位于深圳市东部大鹏半岛中南部龙岗区南澳深圳大鹏半岛国家地质公园管理范围内。园内的古火山遗迹、海岸地貌和生态环境,是探索深圳地质演变发展的天然窗口和实验室,是体现深圳生态、旅游、滨海三大特征的主要载体。

建筑形体灵感来自于火山石建筑外表皮的纹理,使得博物馆群犹如几块天然岩石搁置于场地之内,悄然融入鬼斧神工的地质环境中,成为地质公园众多景点的一部分。

博物馆区整体设计游人参观流线时,借鉴了当地民居街巷的空间意象,游人进入博物馆之前先通过室外展场流线产生情感上的共鸣。

博物馆采用双层表皮,局部覆土屋面,采用当地石材以便环保节能,节约成本。

深圳创维数字研究中心

设计单位：香港华艺设计顾问（深圳）有限公司
项目地点：深圳
设计时间：2000 年
竣工时间：2002 年
用地面积：11992m²
建筑面积：62342m²

项目位于深圳市高新技术园深南大道南侧,紧临30m宽绿化隔离带。项目融办公、研究开发及产品展示等功能于一体,体现了创维集团屹立于高科技企业之林、勇于开拓进取的企业文化特征。

设计以空间的变化寻求与城市环境的对话。大厦中设置一个巨大的虚空间,模糊外部环境空间与建筑空间的界面,两者相互交融,并赋予建筑自身表现力。现代高效的办公环境应是"以人为本"的空间。建筑中设有一个绿色中庭——数码广场中庭,将自然融入办公环境,创造了独特的景观和开放的办公空间模式。

深圳天健创智中心

设计单位：香港华艺设计顾问（深圳）有限公司

项目地点：深圳

设计时间：2012 年

竣工时间：2017 年

用地面积：23588.76m²

建筑面积：114767.73m²

容 积 率：3.0

中心雄踞北环大道与深云西路交汇处，坐拥4大交通动脉、3大地铁站，浸润华侨城片区生态、人文、创新、艺术、旅游等珍稀资源，是深圳稀缺的超低容积率甲级写字楼。项目由两栋塔楼、两栋裙楼围合而成，定制为企业独栋办公。独立大堂，独立电梯，享受空中花园、5A甲级硬件配置，华侨城里一栋一王国。

设计方案以"双龙戏珠"半围合型的规划布局，合理解决项目噪声、城市界面、景观视线、交通流线组织等多方面的问题。同时，中庭内象征着"科技矽谷"的多层次绿地，结合两座塔楼不同高度的生态绿化平台，将"生态"与"科技"完美融合，构筑出独具魅力的"生态矽谷"。建筑形体以一种完整连续、富于动感的姿态呈现出"城市快速通过区"的城市表情，独特的表皮设计根据深圳日照特性，采用不同倾斜角度的遮阳板，形成独具特色的"数字脸谱"。生态、时尚、智能的天健技术中心研发大楼，必将引领未来总部研发新趋势。

深圳市福田区行政办公楼

设计单位：香港华艺设计顾问（深圳）有限公司
项目地点：深圳市福田中心区
设计时间：1994 年
竣工时间：1997 年
用地面积：48450m²
建筑面积：68173m²

项目为一座由 800 个座位的会堂、300 个座位的会议厅、多功能厅及健身、娱乐、办公等用房组成的集会议、休憩、娱乐、办公于一身的多功能建筑。

总体布局吸收中国传统轴线对称手法，延续城市中心区设计思想，突出南北轴线。整个办公综合体由 5 幢建筑组成，呈梅花形布置，中央为主体，办公建筑统率全局，建筑造型庄重大方，既体现政府的崇高威武和凝聚力，又表现出民主、开放的精神和鲜明的时代特色。

深圳市福田图书馆

设计单位：香港华艺设计顾问（深圳）有限公司
项目地点：深圳福田区景田路和商报路交汇处
设计时间：2002 年
竣工时间：2006 年
用地面积：12311m²
建筑面积：10260m²

大楼主要由图书馆及信息中心两部分组成，彼此独立。两者围绕其中展开，使图书馆具有强烈的向心性，阅览室面向中庭景观，为读者营造了一种宁静优雅的图书阅览及办公氛围。为了丰富中庭空间效果，由西向东作了一系列的退台，空中天桥飞架其间，从城市广场到内部中庭形成一个富于变化的空间序列。

项目对城市街道空间作了周全的考虑，不仅呼应了周边高层建筑的对位关系，还减轻了相互间的压迫感，更重要的是给北面的财政局大楼让出南向空间，并求得一种围合感。由于东、西两侧各让出一片三角空间，图书馆自然形成了一个平行四边体，因此方案从商报路及景田路的街景透视都具有强烈的标志性。

东、西中庭空间各罩一透空钢构架，在强调建筑轻巧通透的同时，又起到简洁建筑形体、界定空间及遮阳的作用，并在视觉上对城市的喧闹嘈杂起到了隔断。光影变化及虚实对比使简洁的建筑形体更加丰富。

深圳市规划大厦

设计单位：香港华艺设计顾问（深圳）有限公司
合作单位：URBANUS 都市实践
项目地点：深圳市中心区红荔路南侧
设计时间：2001 ~ 2002 年
竣工时间：2004 年
用地面积：13975m²
建筑面积：34000m²

规划大厦在使用模式上体现出政府办公建筑是一个秩序化、网络化、程序化以及可持续发展的系统，在形象上体现出政府办公建筑及其机构开放、谦虚、高效、务实与便民的品格。

办公大楼总体造型力求线条明快、舒展，体块清晰，材质明确。首层窗口办公区域开放、透明，视觉上无障碍，空间流畅、清爽，又便于管理；二层为会议室区域，包括小型会议室6间、贵宾会议室、大型会议室等；三至六层为科室办公区；七层为局长办公区，八层为预留空间及会议室。

深圳中海凯骊酒店

设计单位：香港华艺设计顾问（深圳）有限公司
项目地点：深圳
设计时间：2008 年
建筑面积：82860.86m^2

项目基地位于大运会中心主场馆正北方向，是大运会主要配套服务建筑之一。项目用地呈长方形，东西宽约 130m，南北长约 160m。北临如意路，西临大运路，用地面积 20657.34m^2。

前庭后院，在城市道路的交叉口退让出前广场空间，使建筑对城市道路留出昭示性入口和对外展示空间，并且保证前广场有足够的空间来分解交通流线。

景观最大化。景观空间决定了建筑的性格和品质，方案设计营造出广场绿化、主题庭院绿化、屋顶绿化、塔楼垂直绿化等多层次的生态景观环境，使建筑与环境成为一个有机结合的整体。

塔楼采用长方形布置，以争取更多面向大运会馆的景观面，同时前庭后院的格局，也为酒店带来了东西向的景观。

深圳证券交易所

设计单位：深圳市建筑设计研究总院有限公司
合作设计：荷兰大都会事务所
项目地点：深圳市福田区
设计时间：2006 ~ 2007 年
竣工时间：2014 年 7 月
工程类别：办公建筑
占地面积：39100m²

建筑面积：260000m²
建筑高度：约 240m
获奖情况：
　2014 年中国建筑学会建筑创作奖银奖（公共建筑类）
　2015 年全国优秀工程勘察设计奖建筑工程一等奖
　2015 年度广东省优秀工程建筑结构专项一等奖

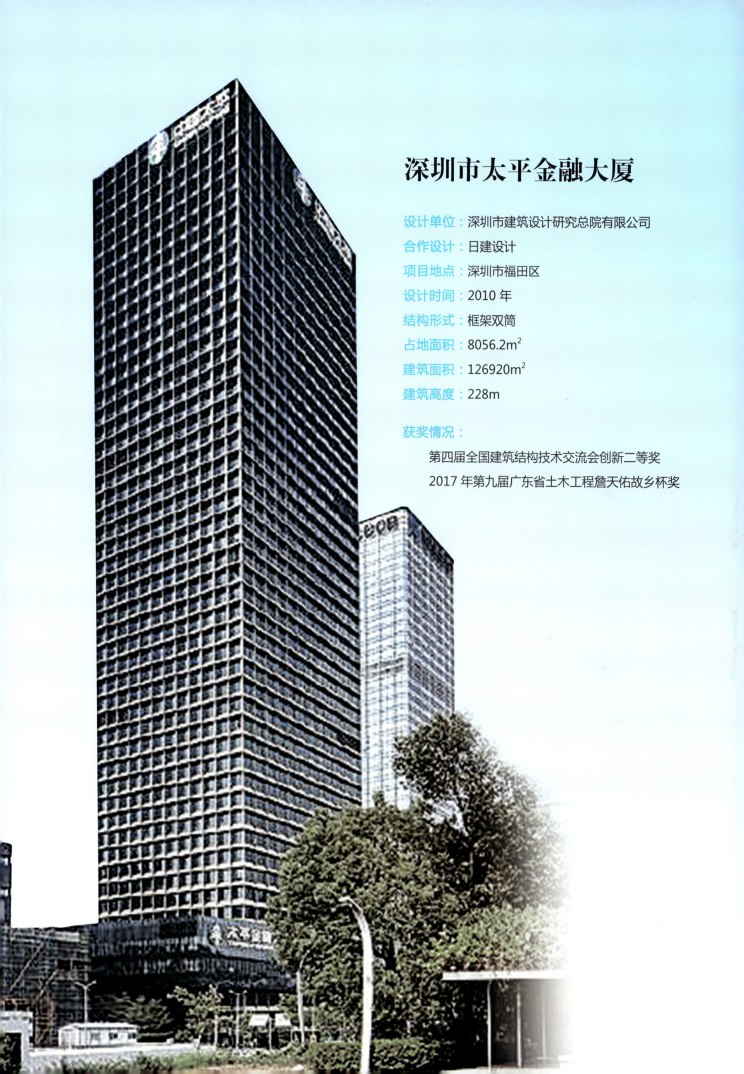

深圳市太平金融大厦

设计单位：深圳市建筑设计研究总院有限公司
合作设计：日建设计
项目地点：深圳市福田区
设计时间：2010 年
结构形式：框架双筒
占地面积：8056.2m²
建筑面积：126920m²
建筑高度：228m

获奖情况：

第四届全国建筑结构技术交流会创新二等奖
2017 年第九届广东省土木工程詹天佑故乡杯奖

深圳大运中心体育场

设计单位：深圳市建筑设计研究总院有限公司
合作设计：德国 Gmp 国际建筑设计有限公司
项目地点：深圳市龙岗区
设计时间：2007 年 3 月
竣工时间：2012 年 12 月
结构形式：单层空间折面网格结构
占地面积：36600m²
建筑面积：135015.06m²
获奖情况：
    2011 年中国钢结构金奖第七届空间结构金奖
    2013 年全国优秀工程勘察设计行业奖公建三等奖
    2013 年全国优秀工程勘察设计行业奖建筑结构专业二等奖
    2013 年第十一届中国土木工程詹天佑奖

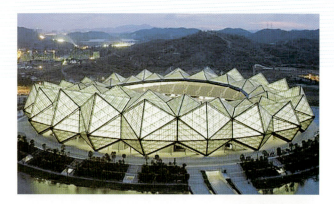

深圳市嘉里建设二期

设计单位：深圳市建筑设计研究总院有限公司
项目地点：深圳市福田区
设计时间：2007 年
结构形式：框架 - 核心筒
占地面积：7900.8m²
建筑面积：103700m²
建筑高度：200m

获奖情况：
2012 年获深圳市勘察设计优秀工程二等奖
2013 年获全国优秀工程勘察设计行业奖公建三等奖
2012 ~ 2013 年度国家优质工程奖

深圳能源大厦

设计单位：深圳市建筑设计研究总院有限公司	建筑高度：250m
合作设计：BIG+ARUP	获奖情况：
项目地点：深圳市福田区	2012年全国"创新杯"BIM设计大赛"最佳BIM建筑设计奖"、"最佳绿色分析应用奖"三等奖
设计时间：2010年	深圳市第十五届优秀工程勘察设计评选BIM设计一等奖
结构形式：框架-核心筒	
占地面积：6427.7m²	
建筑面积：127159m²	

深圳市信息大厦

设计单位：深圳市建筑设计研究总院有限公司
项目地点：深圳市
设计时间：2010 年
竣工时间：2016 年
结构形式：框剪核心筒
占地面积：5630.72m²

建筑面积：103174.71m²
建筑高度：180m

获奖情况：
2016 年第八届广东省土木工程詹天佑故乡杯奖
2017 年度广东省优秀工程勘察设计奖 BIM 专项二等奖

南方博时基金大厦

设计单位：深圳市建筑设计研究总院有限公司

合作设计单位：汉斯·霍莱茵建筑设计公司

项目地点：深圳

设计时间：2010 年

竣工时间：2018 年

工程类别：商业办公建筑

结构形式：框架 - 核心筒体系

占地面积：7260m²

建筑面积：100500m²

建筑高度：200m

华侨城欢乐海岸—华会所

设计单位：深圳市建筑设计研究总院有限公司
合作设计单位：美国 LLA 建筑事务所
项目地点：深圳
设计时间：2009 年
竣工时间：2012 年
工程类别：商业会所

结构形式：框架结构
占地面积：10225.4m²
建筑面积：9937.94m²
获奖情况：2015 年度广东省优秀工程勘察设计奖公共建筑二等奖

深圳当代艺术馆与城市规划展览馆

设计单位：深圳华森建筑与工程设计顾问有限公司
合作单位：奥地利蓝天组（Coop Himmelb l au）
设计团队：
　　建筑：肖　蓝　夏　韬　吴　凡　周　磊
　　　　　郁　萍　郭智敏
　　结构：练贤荣　尚文红　徐　霖　张良平
　　给排水：李仁兵
　　暖通：王红朝　张　伟
　　电气：马　骏
　　总图：余　音

项目地点：深圳
设计时间：2007～2014年

竣工时间：2016年
用地面积：29688m²
建筑面积：90000m²
建筑高度：48m
获奖情况：
　　第三届深圳市建筑工程优秀施工图评审公建类金奖
　　第十七届深圳市优秀工程勘察设计评选公建类一等奖
　　2013年度广东省优秀工程勘察设计奖BIM专项二等奖
　　第十五届深圳市优秀工程勘察设计（BIM）最佳BIM创新奖

一块半透明的城市巨石，将深圳当代艺术馆和城市规划展览馆装在同一建筑中。两馆坐落于深圳市中心区北中轴，点睛了CBD文化建筑群。两馆体量庞大，形体由多个双曲面和斜面组成，10m基座以上的无柱空间，创造出不断变幻的空间体验。

两馆设计与建造过程历时九年，涉及众多的专业学科相互协作，有传统的建筑、结构、水暖电，也有钢构深化、幕墙、室内、灯光、绿建、智能化、景观、标识、展陈运营等各类专业分包。一个空间和形体如此多变的建筑，建筑设计需要综合协调各细分专业，在错综复杂中整理好各方的交接关系，为整体的建筑完成度服务。重点解决的设计难点有双扭面建筑表皮与巨型云雕塑交通体、钢结构直接表达建筑空间、幕墙与钢结构的曲面吻合、40m长空中连桥等。

两馆竣工一年来，接待了上百次业内参观，其完成度和最终效果得到了众多好评。

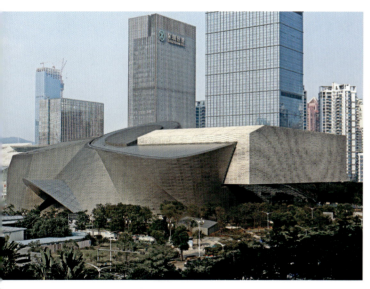

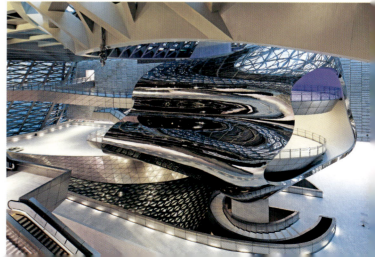

南山文化馆

设计单位：深圳华森建筑与工程设计顾问有限公司
设计团队：
 建筑：许文潇　黄　炫　付利勇　文　睿　曾明理
 结构：项　兵　练贤荣
 给排水：李仁兵　陈　毅
 设备：张　伟
 电气电信：李　丛　梁耀源　冼可乐

总图：贾宗梁
项目经理：易宁伶
设总：宋　源　白　威　许文潇
项目地点：深圳
设计时间：2012年
项目面积：26900m²
高度：39.9m

在相对狭小的社区级用地里，在较为复杂的功能要求下，力图通过巧妙的空间营造，创造出尽可能丰富多彩的公共空间。倾斜的南立面在不降低建筑面积的前提下，进一步扩大了南广场的空间，同时赋予建筑以鲜明的标识性。

在体量的中央，开辟了内部空间——一个连接上下功能，将光线带入室内的中庭，并实现了中庭空间与入口大厅及南向广场的整体联通。

建筑形态犹如裂开的玉石，形成两侧实体面夹着中央玻璃面的效果。实体面采用双曲面铝板外墙系统，其上点缀采用参数化辅助设计的窗户。在原本理性方正的盒子中，通过一系列巧妙合理的手法，化解体量，雕刻空间，引导光线，最终形成方案极其简洁合理而又不乏生动的城市空间形态。

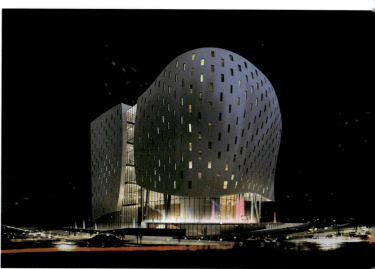

深圳龙岗创投大厦

设计单位：深圳华森建筑与工程设计顾问有限公司
合作单位：URBANUS 都市实践
设计团队：
  建筑：张菊芳 高恺 白洞 田航 张中波
     卢威 韩晶 郭锦标 伍素芳 刘冬妮
     何涧 夏韬
  结构：杜军 梁为圳 夏美梦 汪齐备 邱贤波
     邱高挺 陶金 袁宇 王卫忠
  给排水：李仁兵 李小龙 徐庶 周克晶
  暖通：李百公 杜岳 郑洁野 赵庆
  电气：周小强 毕铭月 张立军
  电讯：高扬 王增志
  总图：万维 贾宗梁 单广鑫
  项目经理：王海康
  设总：张晖 陆洲

项目地点：深圳
设计时间：2012 年
建筑面积：130000m²
建筑高度：191m

建筑功能主要为研发用房、研发配套用房。建筑风格体现现代建筑特色，立面新颖，整体建筑协调一致。塔楼采用简洁的形体来表达建筑挺拔的特征，采用标准化的幕墙单元，按一定规则进行变异组合，发展出独特的建筑立面语言，通过材质深浅的变化和铝板宽度的渐变，形成独特的个性和内涵，同时通过幕墙的深度形成立面本身的节能立体遮阳系统。

深圳前海华侨城 JW 万豪酒店

设计单位：深圳华森建筑与工程设计顾问有限公司
合作单位：约翰·波特曼建筑设计事务所
设计团队：
  建筑：郭智敏　夏韬　郁萍　彭辉　张弛
  结构：练贤荣　尹江南　黄冬妮　李睿超　刘双双
  给排水：周克晶
  暖通：王红朝　李百公
  电气电信：李丛

总图：余音
项目经理：王海康
设总：郭智敏　夏韬
项目地点：深圳
设计时间：2011 年
竣工时间：2014 年
建筑面积：110000m²

项目用地位于宝安中心区，是宝安中心商务区 CBD 的核心组成部分。宝安中心区将发展成为推动国际文化交流与合作，融国际金融、商贸、文化活动、行政和居住等城市功能设施于一体的基地。

项目是集酒店、商务公寓于一身的大型综合建筑。项目定位为白五星级酒店及商务公寓，地下 2 层，地上由两栋商务公寓塔楼、酒店塔楼和裙楼组成。

中国版画博物馆

建筑 / 结构 / 机电设计:
悉地国际设计顾问(深圳)有限公司

项目地点: 深圳市宝安区

设计 / 竣工: 2009 年 / 2014 年

建筑面积: 18680m²

奖项荣誉:
2013 香港建筑师学会海峡两岸与香港、澳门建筑设计大奖

博物馆主体被抬高架设于两个山丘之间,美术馆形体折起,形成虚空的体量,让出时光轴,使之延续并与山体相连。参观、交易、教学、办公、藏品等流线相对独立,视线却彼此渗透。建筑师特别设计了一条公众流线,通过中央坡道与楼梯可直达屋顶花园,欣赏高尔夫景观和周边的自然风光。场景化的开放空间融合了新与旧、自然与人工、展览与交易等多种元素的碰撞。以版画为主题的活动和极富雕塑感的建筑造型带给人们感官的震撼,使这栋建筑及场所最终成为深圳特有的文化景观。

第 1 章 公共建筑

万科中心

建筑/结构/机电设计：
 悉地国际设计顾问（深圳）有限公司

方案设计： Steven Holl Architects

项目地点： 深圳市盐田区大梅沙

设计/竣工： 2006年 / 2010年

建筑面积： 121300m²

奖项荣誉： 第十届中国土木工程詹天佑大奖

万科中心是集办公、会议和酒店等功能于一身的大型混合体建筑群。这座意义非凡的建筑的首要特质可以理解为一种特殊的场所实践：无形的"海水"悄然褪去，留下建筑架空在开阔的场地之上，架空的建筑底部形成对流通风良好的微气候，炎炎夏日，吸引着人们在此驻足休憩；混凝土核心筒外附的一层可透灯光磨砂玻璃与上部结构在材质上的对比，强化了"漂浮"效应。建筑形态的弯转起落与周边环境的零乱多变形成戏剧性的空间拓扑关系。

深圳平安金融中心（北塔）

建筑 / 结构 / 机电设计：
悉地国际设计顾问（深圳）有限公司

结构 / 机电顾问： TT/JRP

方案设计： KPF

项目地点： 深圳市福田区益田路

设计 / 竣工： 2009 年 /2017 年

建筑面积： 459187m²

建筑高度： 599m

奖项情况： 2018 年 CTBUH 世界高层建筑奖

平安金融中心的建筑意象呼唤着对早期经典摩天大楼的记忆：古典的轮廓、对称的造型、高耸的比例、竖向石材条纹以及长长的塔尖象征着对城市未来的无限期望。建筑在底部较为舒展，塔楼随着细长的塔尖慢慢升高，一气呵成，气势在高塔尖端达到极致并继续冲向云霄。从城市网格轴线到视野轴线的转换形成了强烈的对比，给人耳目一新的跃升感。

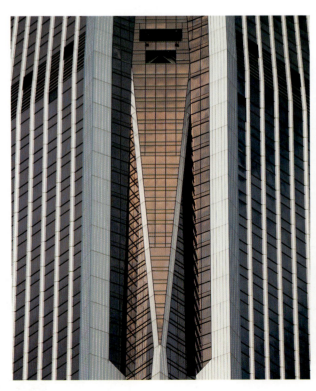

百度国际大厦

建筑 / 结构 / 机电设计：
悉地国际设计顾问（深圳）有限公司

项目地点：深圳市南山区
设计 / 竣工：2011 年 /2015 年
建筑面积：226000m²

作为百度华南地区的总部和研发中心，国际大厦是一座集运营和研发于一体的综合性办公楼。在遵循片区规划视觉界面的前提下，塔楼呈南北向布置，东西向敞开，以最大化利用景观资源，并形成对街区良好的形象展示。大厦的立面设计以百度的命名为灵感，将中国的古诗词转换为二进制代码，再结合中国古典的窗格形式，体现了百度作为全球最大的中文搜索引擎供应商的企业形象与气质。

南山文体中心

建筑 / 结构 / 机电设计：
悉地国际设计顾问（深圳）有限公司

项目地点：深圳市南山区

设计 / 竣工：2006 年 /2014 年

用地面积：78800m²

建筑面积：90000m²

奖项荣誉：2015 年中国建筑学会科技进步奖

中心的设计是一次以"人"为主体的尝试，建筑师希望尽可能让"严肃"的话题轻松些，让"难懂"的建筑"戏剧性"些，让"乏味"的广场生动些。由此，将游泳馆、体育馆、剧场布置在同一屋檐下，共享同一片蓝天。围绕三大场馆以及南头街一侧的艺博馆、图书馆、中央广场的水景雕塑为儿童提供了与水互动的嬉戏场地。伴随建筑"落地"之处，是人与建筑最亲密的接触。

深圳顺丰总部大厦

设计单位：深圳机械院建筑设计有限公司
合作单位：德国 GMP 国际建筑设计有限公司
项目地点：深圳
项目时间：2015 年

用地面积：6118.8m²
建筑面积：90084m²

奖项荣誉：2016 年深圳市优秀建筑施工图设计金奖

深圳中电长城大厦

设计单位：深圳机械院建筑设计有限公司
项目地点：深圳
项目时间：2014 年
用地面积：14800m²
建筑面积：182000m²
建筑高度：200m

深圳铁路新客站

设计单位：深圳机械院建筑设计有限公司

项目地点：深圳

项目时间：1990 年

用地面积：80000m²

建筑面积：150000m²

奖项荣誉：国家优秀工程设计铜奖

深圳盐田国际行政大楼

设计单位：深圳机械院建筑设计有限公司

合作单位：胡同黄建筑设计（香港）有限公司

项目地点：深圳

项目时间：2003 年

用地面积：24051m²

建筑面积：65476m²

建筑高度：124m

奖项荣誉：2010 年全国优秀工程设计三等奖

深圳广电金融中心

设计单位: 深圳机械院建筑设计有限公司
合作单位: 北京张永和非常建筑设计事务所有限责任公司
项目地点: 深圳
项目时间: 2011 年
用地面积: 10810.95m²
建筑面积: 230000m²
建筑高度: 220m

奖项荣誉: 深圳市优秀 BIM 设计三等奖
深圳市优秀建筑施工图设计金奖

深圳坪山体育中心二期网球中心

设计单位: 深圳机械院建筑设计有限公司
合作单位: 澳大利亚柏涛墨尔本建筑设计有限公司
项目地点: 深圳
项目时间: 2012 年

用地面积: 60000m²
建筑面积: 66504.95m²

奖项荣誉: 2016 年中国机械工业优秀工程设计三等奖

深圳机场 T3 航站楼配套商务区

设计单位：深圳机械院建筑设计有限公司
项目地点：深圳
项目时间：2010 年
用地面积：76000m²
建筑面积：264000m²

深圳前海自贸大厦

设计单位：深圳机械院建筑设计有限公司
合作单位：德国 GMP 国际建筑设计有限公司
项目地点：深圳
项目时间：2014 年
用地面积：6599.42m²
建筑面积：79940m²
获奖情况：深圳市优秀建筑施工图设计银奖

深圳商报大厦

设计单位：深圳机械院建筑设计有限公司
项目地点：深圳
项目时间：2013年
用地面积：9000m²
建筑面积：62000m²

宝利来国际酒店

设计单位：筑博设计股份有限公司
设计团队：钟乔　曲羽　高晶晶　沈地河　刘莉莉
　　　　　　张婷　黄河南　汤凯峰　张海洋　郑鑫
　　　　　　蔡锦晨　付俊哲　袁洋　陈尧堂　薛超
　　　　　　宋健　梁龙刚　肖启红　许宗敏　刘旭佳
　　　　　　李星星　杨九申　王延枝　林超楠

项目地点：深圳
设计时间：2012 年
用地面积：50027m²
建筑面积：180731m²

建筑创新点：

为光明新区配套的五星级酒店。酒店设计简洁现代、舒展大气，造型新颖独特。酒店拥有 221 套客房，配套大型的餐饮中心、旋转餐厅、会议中心、康体娱乐中心、健身中心等。建成后将成为光明新区重要的休闲旅游目的地。

深圳市档案中心

设计单位：筑博设计股份有限公司

设计团队：马镇炎　俞　伟　赵宝森　钟锦招　范　瑜
　　　　　魏　波　温景波　秦聚根　张梅松　朱　旭
　　　　　马艳龙　李　丹　陈晓峰　王延枝　林丽锋
　　　　　刘万棠　李　强　唐　超　刘植蓬　袁少宁
　　　　　黎智广　潘少华　李星星　谢晓燕　周祖寿
　　　　　邹汉谦　密建平　汪　清　乔艳梅　张焕辉
　　　　　漆永星　成　欣

项目地点：深圳

竣工时间：2013年

用地面积：18518m²

建筑面积：120365m²

奖项荣誉：

首届深圳市房屋建筑工程优秀施工图评选金奖

2011年度东莞市优秀建筑工程设计金奖

2015年度广东省优秀工程设计二等奖

深圳市第十六届优秀工程勘察设计评选优秀公共及工业建筑设计公建类一等奖

广东省注册建筑师协会第六次（2011年度）优秀建筑创作佳作奖

建筑创新点：

深圳市档案中心是根据深圳市人民政府四届七次会议（2005年9月1日）决议筹建的重大工程项目。该中心由深圳市公共档案馆和若干公共服务职能较强的市直机关、单位档案管理机构及方志馆等44家单位构成，采取集中储存、分类管理、资源共享、行政监管的管理模式。项目选址于福田区梅林中康片区，周边交通便利，可达性较好。

设计有四个目标：城市性——深圳市档案中心应以开放的姿态和多功能的构成为城市带来活力；因地制宜——充分挖掘每个地块的潜质，使土地价值最大化；高效运作——功能集约，流线清晰，安全可靠，确保档案馆高效率运作，持续发展——分期明确，易于扩建；遵循生态节能的原则创造绿色档案馆。

建筑布局主要采用南北朝向，建筑体型方正，形体系数小，符合档案库房节能要求；总平面根据4个地块的不利条件采用南北分区格局，实现馆库分离，符合现代档案馆的发展趋势；在塔楼简洁纯净的体量上以一种有序的手法雕刻出档案馆的立面肌理，深深的窗洞所产生的浓重阴影呼应了档案馆的建筑性格，同时也符合档案馆库房自身的节能和构造要求。

西丽文体中心

设计单位：筑博设计股份有限公司
合作单位：荷兰 MVRDV 建筑规划事务所
设计团队：冯果川　熊林龙　何文彬　戴　卓　张异响　胡馨言　侯俨洋
项目地点：深圳

设计时间：2016 年
用地面积：41969m²
建筑面积：105000m²
奖项荣誉：2017 年第三届深圳建筑创作奖金奖、未建成项目一等奖

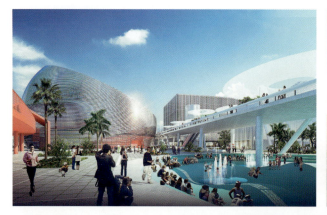

建筑创新点：

项目位于深圳市南山区西丽地区，功能分为四个体块，一个体育和文化聚落空间被创造出来。每一栋主体建筑对应着一个独立而特殊的体量，各具特色却又组成了一个和谐生动的大家庭。

通过一个穿越场地的绿色公共通廊将茶光地铁站、大沙河滨河公园、文体中心以及东侧塘朗山郊野公园联系起来，城市的绿色网络在这里得以拓展，创造出城市绿廊中的一个新节点。

本案聚焦于城市社会公共生活方式的培育，避免以往文体中心追求单一地标建筑，定位高大上但功能分离、服务设施欠缺、服务人群有限的弊端。将场地公共空间、建筑室内外空间的各种文化功能组合，形成一个能让更多人群在更多时间里使用的、充满活力的公共活动场所。

深圳文化中心

设计单位：北建院建筑设计（深圳）有限公司
合作设计单位：日本矶崎新事务所
主创设计师：矶崎新　蔡　克　洪　柏
设计团队：助川冈　刘晓征　侯　郁　黄　河
项目地点：深圳市福田区
设计时间：1999～2001年
竣工时间：2003年
用地面积：56000m²
建筑面积：89000m²
建筑高度：40m

奖项荣誉：
2008年北京市建筑设计研究院年度优秀工程一等奖
2009年北京市第十四届优秀工程设计一等奖
2009年度全国优秀工程勘察设计行业奖建筑工程一等奖
2015年第十四届全国优秀工程勘察设计银奖

设计特点：城市＝剧场　　文化中心＝舞台
　　　　　市民＝演员　　节目＝文化活动

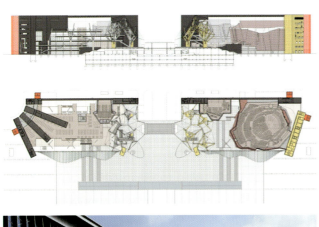

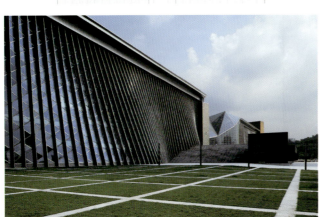

深圳市青少年活动中心

设计单位：北建院建筑设计（深圳）有限公司
合作设计单位：北京市建筑设计研究院深圳院
主创设计师：张　浩
设计团队：刘　杰　陈　辉　徐宇鸣　彭江宁
　　　　　王素萍　刘大为
项目地点：深圳市福田区
设计时间：2011～2013年
竣工时间：2016年
建筑面积：37000m²
建筑高度：32.12m

建筑造型突出"土壤与新芽"的概念

建筑主体由一块底层架空规整的矩形体量以及在其上生长出的数个小立方体组成,矩形厚实的体量隐喻着"土壤"的主题,小立方体则通过墙身的收分与屋面的转折起落隐喻"绿芽"的主题,好比青少年活动中心这块肥沃的"土壤",滋润着来自四面八方的年轻人。

开放的建筑形态与流动的室内外空间

受东北角地铁换乘通道的影响,将建筑东北角作起翘处理,相应地将建筑西南角作起翘处理,与建筑口字形布局形成的内庭院、架空层相互联系、渗透,形成一种开放的、室内外融合流动的空间形态。四通八达的内广场以一种欢迎的姿态向市民开放,供步行至此的市民驻足、休憩、交流、运动。通过室内各门厅及建筑周边冲孔幕墙内的竖向楼梯,可至绿意盎然的屋顶。

绿色三星建筑

为最大限度地节约资源(节能、节地、节水、节材)、保护环境和减少污染,结合项目特点,按照绿色建筑和循环经济的理论实施,用最少的资源建造对环境影响最小的建筑,以达到《绿色建筑评价标准》GB 50378—2006 三星级标准为目标,创造一个健康、适用的建筑环境,实现人与自然的和谐共处。

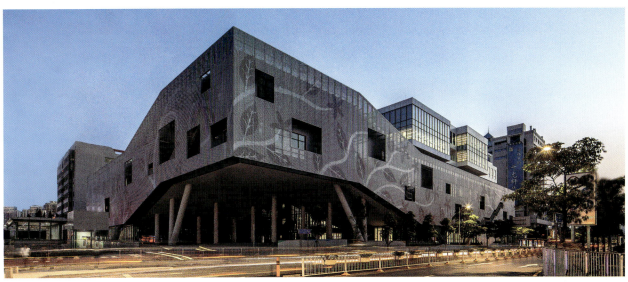

深圳市龙岗区基督教布吉堂

设计单位：北建院建筑设计（深圳）有限公司

主创设计师：蔡 克

设计团队：黄 河 屈石玉 张金保

项目地点：深圳市龙岗区

设计时间：2008～2011年

竣工时间：2016年

建筑面积：8300m²

建筑高度：47m

第 1 章 公共建筑　091

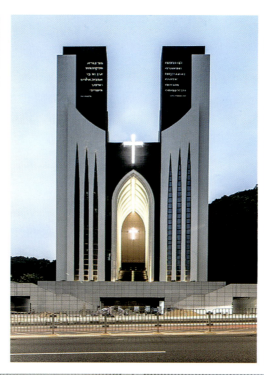

福田体育公园

设计单位：北建院建筑设计（深圳）有限公司
合作设计单位：美国纳德华 CCSARA Honor Award
项目地点：深圳市福田区
设计时间：2012～2013年
竣工时间：2016年
建筑面积：100000m²
建筑高度：100m

奖项荣誉：

2010年北京市第优秀工程设计综合奖一等奖
2010年全国优秀工程勘察设计行业奖公共建筑二等奖

设计方案极富创意，整个建筑群分散为五段，分别为Ⅰ段网球场及停车楼、Ⅱ段游泳馆及酒店、Ⅲ段体育文化街、Ⅳ段体育馆、Ⅴ段体育场，由贯通其间的体育文化街连成一体。全部楼群屋面均为绿化，形成一处真正的"体育公园"。极佳的建筑效果伴随着设计的高难度，五段建筑均为复杂的曲面形体，其中相当部分还为三维曲面。这样大规模的复杂形体建筑群体在国内尚属首例。为适应复杂多变的建筑形体，设计相应采取了多种结构形式，被设计师戏称为"结构类型大全"。

华安保险总部大厦

设计单位：中外建工程设计与顾问有限公司深圳分公司
项目地点：深圳
用地面积：0.59 万 m^2
建筑面积：5.84 万 m^2
设计时间： 2008 年
开发单位：华安保险
设计师　：徐金荣　徐　剑　程　翔　余艳菊　刘　颖
　　　　　商顺明　时　刚
奖项荣誉：2016 年第十七届优秀工程勘察设计三等奖

深圳前海国际会议中心

方案设计单位：深圳市华汇设计有限公司
项目成员：肖　诚　凌　峥　王　静
施工图设计：深圳市建筑设计研究总院有限公司
施工图设计人员：林镇海　欧阳霞　刘　臣　陈超生
项目地点：深圳
业主：万科集团
建筑面积：约 260000m²
建成时间：2014 年

奖项荣誉：
　2015 年度首届深圳建筑创作奖金奖
　2015 年第八届广东省注册建筑师协会优秀建筑佳作奖
　2015 年第九届亚太设计师联盟 IAI 最佳设计大奖
　2016 年中国建筑学会建筑创作奖入围奖
　2016 年世界建筑节（WAF）入围
　2016 年金拱奖建筑设计金奖
　2016 年深圳市第十七届优秀工程勘察设计评选建筑工程设计一等奖
　2017 年广东省优秀工程设计 二等奖

"城市客厅"是设计的基本概念，在此基础上提倡开放性、兼容性、公众参与。同时，高效的空间组织和利用也十分重要。

"大屋檐"占地 2000m²，位于大堂前的广场，其独到之处在于可以经常组织一些公共活动，如户外音乐会、表演、周末市场等。

项目的概念来自"钻石"——隐藏的宝藏在经过雕琢后变得闪亮。抛光的部分如同玻璃幕墙所表达出的"钻石"感受，而"石头"则是反映在黑暗铝幕墙的纹理上。

深圳湾超级总部基地城市展厅

设计单位：深圳市华汇设计有限公司
项目成员：肖 诚　印实博　毛伟伟
项目地点：深圳
业主：万科集团
建筑面积：约 2000m²
建成时间：2016 年
奖项荣誉：2017 年度第三届深圳建筑创作奖一等奖

深圳湾超级总部基地是接近117.40hm²的城市区域，功能以总部办公、高端商务配套及部分文化设施为主，是深圳着力打造的世界级城市中心。委托方希望以首开项目为契机，将该区域的发展动态向公众进行展示。项目选址为临时性用地，在完成建筑的使命后将改造为城市公共绿地，并且在承担公共展示的同时，为首开项目的意向客户提供较为私密的洽谈空间。此外，委托方也希望全球化的时代背景下以一种表意于传统的方式，介入未来城市生活空间的建构。

深圳大运中心主体育馆

设计单位：
中国建筑东北设计研究院有限公司深圳分公司
GMP（德国）

主创建筑师： GMP（德国）

设计团队： 窦南华　吴一红　隋庆海　任炳文　李曙光
陈正伦　崔长起　朱宝峰　金丽娜　何延治
王晓光　王金元　曲　杰　黄　伟　申豫斌
赵雪峥　杨海荣　龙晓涛　徐良欧　翁　君
姜　军

项目地点： 深圳

设计时间： 2007～2011年

竣工时间： 2011年

用地面积： 527467m²

建筑面积： 74000m²

建筑高度： 36m

奖项荣誉：
2015年度全国优秀工程勘察设计建筑工程一等奖
2015年度全国优秀工程勘察设计建筑结构专项一等奖
2013年度辽宁省优秀工程勘察设计建筑工程一等奖
第十一届中国土木工程学会詹天佑奖
2012年优秀结构一等奖
第四届广东省土木工程詹天佑故乡杯
中国建筑学会2011年度全国优秀建筑结构设计一等奖

建筑创新点：

在造型设计上，体育馆极具表现力，宛如一颗巨型水晶。在结构形式上首创"单层空间折面网壳"的结构体系，真正做到结构与建筑的高度统一与完美结合。夜幕降下时，配合LED的灯光，半透明的发光外立面看上去犹如一颗绚烂夺目的水晶，为大运会平添了浓厚的节日气氛。

2011年世界大学生运动会国际广播电视新闻中心（MMC）

设计单位：
中国建筑东北设计研究院有限公司深圳分公司
主创建筑师： 刘 战
设计团队： 唐炎潮 任炳文 李曙光 李 鑫 黄 伟
申豫斌 史德博 王晓光 高 扬 曲 杰
朱宝峰 徐良欧 翁 君 何延治 姜 军

项目地点： 深圳
设计时间： 2008年
竣工时间： 2011年
用地面积： 16000m²
建筑面积： 37000m²
建筑高度： 23.6m

奖项荣誉：
中国建筑学会第六届建筑创作优秀奖（2011年）
沈阳市城乡建设委员会2010年度优秀工程勘察设计一等奖
中建2009~2010年度中国建筑优秀勘察设计（建筑工程）一等奖
深圳市住房和建设局第十四届优秀工程勘察设计（公共建筑）一等奖（2011年）

建筑创新点：

在造型设计中，建筑以奥体中心整体规划及建筑自身的功能特点为设计出发点。根据《深圳大运体育中心修建性详细规划》，场地中间必须留出一条24m宽的人行通道，与南面开放性广场相连接，成为主要人行出入口。因而建筑上部以五个东西走向的矩形体量为主要形体构成元素，通过与底部两个南北体量的穿插搭接，形成整个建筑基本构成。东南角的开放式全景演播室视线开阔，端部悬挑于建筑之外。整个建筑设计在满足规划与功能需求的同时也形成了丰富的室内外空间及外部造型。

在建筑的立面材料运用上，设计通过玻璃与石材的强烈对比，形成建筑大实大虚的形体关系，既顺应建筑内部使用功能的需求，又突出建筑外部造型的体量特征。建筑面向体育场馆一侧体量的立面采用玻璃幕墙围护结构，与场馆的立面材料取得呼应，其余四个矩形体量则以石材作为外装饰材料。

深圳地铁北站东广场 C2 地块

设计单位：
中国建筑东北设计研究院有限公司深圳分公司
JAHN（美国）

主创建筑师： JAHN（美国）

设计团队： 任炳文　张　强　梁　斌　刘洪平　王　超
　　　　　　隋庆海　刘国银　赵雪峥　阳小泉　陈明文
　　　　　　张宏伟　董明东　姜　军　王继林　王晓光
　　　　　　李绍军　姚　远　刘　浩

工程地点： 深圳市
设计时间： 2014～2016 年
竣工时间： 2019 年
用地面积： 20338.6m²

建筑面积： 214000 万 m²
建筑高度： 196.9m

建筑创新点：

空中社区

　　塔楼以 50m 高的消防需求为基础，在竖向上分隔为若干个区域，每个区域自成一个相对独立的办公区，每个办公区内设置朝向不同方向的中庭空间，附之以独立的观光电梯系统，塑造出每个区域的独立个性，外观上则利用幕墙材料的变化，赋予每个区域独立形象。

塔楼立面

　　立面主要通过外围护的幕墙材质变化，实现对竖向体量的分隔，1 栋被分隔成两个体块，2A 栋被分隔为四个体块。

璟霆大厦

设计单位：深圳市清华苑建筑与规划设计研究有限公司
主创建筑师：刘尔明　叶 佳
设计团队：方 远　杨 璐　曹 珂　黄瑞言　胡战平
　　　　　　贡 兵　左振渊　胡明红　詹展谋
项目地点：深圳光明新区
用地面积：6317.07m²
用地面积：30470m²

获奖荣誉：
第三届深圳市建筑工程施工图编制质量铜奖
2016 年第二届深圳建筑创作奖银奖

项目主要供高新企业研发办公使用，使用模式较为灵活，且需要较大的平面空间，在前期设计的时候，通过多方案比较，确定了两个主要的设计原则：

1. 效率原则：用 3500m² 左右的大标准层来提升平面效率，且提供灵活空间划分的可能性。

2. 生态原则：通过 L 形的体量拉大展开面，提升通风采光环境；设置大量的公共活动空间提供内部休闲、绿化空间。

在设计中采用了 L 形的布局，一方面使得大标准层的进深尽量合理，另一方面在用地的东南角形成了一个放大的市政广场，提供几个地块合用的公共空间以应对整体规划。标准层在凹角处设置核心筒，使得更好的朝向可以形成大型研发空间。

中国人民银行深圳支行改扩建工程

设计单位：深圳市清华苑建筑与规划设计研究有限公司
主创建筑师：林彬海　杨　磊
设计团队：黄瑞言　黄运强　张　弘　郭希瑗　邓　波
　　　　　　万宏志　吴家坤　李　放　康笑梦
项目地点：深圳市罗湖区
用地面积：3286.00m²
建筑面积：25662.6m²
建筑高度：99.9m

项目位于深圳市罗湖区原中国人民银行深圳市中心支行所在地，南临深南大道，西接深圳农业银行，东面为地王大厦，交通便利，地位特殊。

二期扩建工程和原有办公楼之间以抬高至二楼的3层通高共享玻璃中厅相连接，南北贯通，形成视野开阔、气势雄伟的四季中央大厅。

扩建工程中部连续设置贯通四层的空中花园，把共享中央大厅空间引向立体竖直方向，形成通透的中央休闲景观公共空间，同时起到调节大楼内部小气候的作用，达到在通风、空调、景观各功能上节能、生态之目的。

二期工程以"人"字形平面对原旧楼建筑形成极富亲和力的围抱态势，与旧楼在空间关系上浑然一体。

深圳市公安局龙华区民新派出所建筑设计

设计单位：深圳大地创想建筑景观规划设计有限公司

主创设计师：袁俊锋　陈君文　熊发林　张忠伟　吴炳宣

工程地点：深圳市龙华区

设计时间：2017 年

建设状况：建设中

用地面积：3992.31m²

建筑面积：23690m²

建筑高度：49.3m

奖项荣誉：深圳市公安局龙华分局新建派出所（民新）建筑设计竞赛第一名

公安局派出所作为政府主管公共安全工作的一个重要职能部门和基层机构，也是为广大市民提供社会保障等公共服务的重要窗口。在构建服务型政府的核心理念指导下，新型的公安局派出所的建筑形象要突破常规，既打破传统公安建筑单调刻板的外表，又避免政府办公大楼的肃穆威严；既要满足公安干警办公集训等特定功能需求，又要体现便民亲民的新形象。在深圳市公安局龙华区派出所建筑设计竞赛项目中，大地创想凭借独到的设计创意和技术实力，在与18家国内建筑设计大院的两轮比选中脱颖而出，其独到的设计方案得到了建设方和专家的认可，获得竞赛第一名。

通过对公安派出所的深入理解，提出"平安方舟、光明灯塔"的设计理念，营造简洁有力的建筑组群。采用力度感强烈的四个方体组合形成建筑硬朗挺拔的气质，像守护平安和谐的卫士们一样屹立在城市中间。

在空间设计上，通过明确而合理的分区设计，以巧妙的空间布局，满足了窗口接待区、办案区、保障住宅区高效统一，公安干警日常训练、办公和住宿既相对隔离又有序联系的特殊需求。建筑体块简洁、纯净、干练，运用double facade手法，呈现出开放、透明的形象，强化高效、秩序、正义的氛围特征。

蛇口微波山改革开放纪念馆

设计单位：深圳大地创想建筑景观规划设计有限公司
主创团队：袁俊锋　陈君文　高若飞　卢建晖
工程地点：深圳市蛇口
设计时间：2017 年
用地面积：3500m²
建筑面积：10000m²

AR Android 二维码

AR 苹果设备二维码

设计以"伟大的航路"为设计思路。改革开放标志着中国进入中华民族全面复兴的关键性的转折点，是一个新的起点；而蛇口因打响了改革开放第一炮而被认为是中国改革开放的原点。微波山作为邓小平、袁庚唯一同时登临过的山，作为改革开放纪念馆选址意义非凡。

深圳图书馆

设计单位：广东省建筑设计研究院

工程地点：深圳市上步区荔枝公园西北角

建设时间：1994 年

占地面积：2.4hm²

项目是深圳特区八大文化建设之一。工程总体布局依据地形地势，将建筑物作跌级处理，在建筑造型上有民族特色，沿湖边布置的阅览室墙体挑出，与环境融合。正门上方用倾斜的镜面玻璃，扩大了空间景观。全馆建筑面积 14000m²，包括大厅、目录厅、报告厅，馆内设有中文报刊阅览室、社科阅览室、自然科学阅览室、少年儿童阅览、港台图书馆阅览等各种阅览室，共有 1000 多个阅览座位，各有开架半开架两种，总藏书量 63 万册。

香格里拉

设计单位：广东省建筑设计研究院

工程地点：深圳市

建筑面积：65000m²

设计时间：1992 年

竣工时间：1993 年

获奖情况：

建设部科技进步二等奖

1995 年全国建筑学会优秀结构设计二等奖

1993 年广东省优秀结构设计二等奖

国际金融大厦

设计单位：广东省建筑设计研究院
项目地点：深圳市罗湖区
建设时间：1983 年
建筑高度：134.5m
占地面积：4500m²
建筑面积：52300m²

大厦是一座全幕墙超高层塔式建筑，坐落于繁华的罗湖区建设路与迎春路交汇处。设计布局灵活，分区明确，基本平面由两个矩形组合；在近乎对称的大矩形中突出全对称之矩形主体建筑。矩形标准层平面，可以分层作为一个大单元出租，也可以分割为 2～4 单元出租。大厦主体结构为矩形塔式建筑，由中筒及四角钢筋混凝土筒体组合而成，中筒为大厦之竖向交通和设备管井。

深圳地铁文化体育公园

设计单位：深圳市市政设计研究院有限公司
　　　　　深圳市华阳国际工程设计有限公司
　　　　　深圳市水木清建筑设计事务所
项目地点：深圳
建筑面积：13.8 万 m²

项目场地位于深圳地铁7号线深云车辆段上盖，建设在地铁车辆段大盖板上，包括培训综合楼、生活综合楼、认证研发中心、科普教育馆、室内训练馆、停车库、游泳池、文体公园、雨水回用设备用房、地铁综合楼等。项目于2017年完成主体工程竣工验收。

建筑创新：

利用地铁车辆段（工业建筑形态）屋顶进行增量建设，集约利用土地，美化城市景观；巧妙解决了上下车辆段屋顶的交通问题；和谐处理好基地、建筑与山体自然环境的关系；建筑布局、结构、管线等一体化规划设计。

深圳市残疾人综合服务中心

设计单位：深圳市华阳国际工程设计股份有限公司
项目地点：深圳市福田区
设计时间：2011年至今
用地面积：5517m^2
总建筑面积：16000m^2
主创建筑师：田晓秋　王　浩
设计团队：

　　建筑：王亚杰　鞠　磊　陈　晨
　　结构：张　琳　赵晓龙　苏清波
　　电气：李炎斌　张定云　欧阳庄宜
　　暖通：李昱林
　　给排水：胡定成　徐　锦　张才能

奖项荣誉：

　　全国勘察设计行业第四届华彩奖金奖
　　2010年第二届中国建筑传媒奖最佳建筑奖提名
　　2010年深圳市第十四届优秀工程勘察设计公共建筑二等奖
　　2011年广东省优秀工程勘察设计公建三等奖

深圳市残疾人综合服务中心是深圳第一家，也是唯一一家市级残疾人综合服务大楼，位于福田上梅林。这是一个具有社区归属感、渗透入建筑身体的无障碍活动空间，功能、尺度、色调、材料、声光及图形化信息指示的理性融合，私密与开敞空间的并存，使整个建筑的适应性及人性关怀得以彰显。

在总体布局上，建筑实体将地块分为南北两个院落，实现建筑与空间的相互穿插与融合。南院以人群集散、分流及对外展示为主要功能，且人车分流，为残疾人提供了一个安全方便的出入场所。北院相对内向安静，是本建筑的一个内部开放空间，主要为儿童早期干预中心提供了一个相对舒适的户外活动场地，唤起大家对特殊儿童的重视与关怀。

在功能组合上，前广场与主体建筑连通，大型空间、人流密度空间，如康复、教育、文体活动等项目集中设置在一至四层范围内，方便残障人士使用。儿童早期干预中心则从其他功能体相对分离出来，既有良好的朝向，也避免相互间的干扰和影响。

光明新区公明文体中心

设计单位：深圳市华阳国际工程设计股份有限公司
项目地点：深圳市光明新区
设计时间：2009 年
竣工时间：2013 年
用地面积：124655m²
总建筑面积：36150m²
主创建筑师：田晓秋　梁　琼
设计团队：

　　建筑：高建华　李文渊
　　结构：徐　洪　黎春瑜　张均洲
　　电气：陈　娟　绿　茵
　　暖通：倪晓明　魏松柏
　　给排水：刘小辉　戴建儒
　　精装修：胡　晓
　　总图：赵卫国

项目荣誉：

2012 年深圳市第十五届优秀工程勘察设计 BIM 设计二等奖
2013 年广东省优秀工程勘察设计奖 BIM 专项二等奖

公明文化艺术体育中心位于深圳市光明新区公明街道，是新区成立以来的第一个公共文体建筑。这座全新的文体设施由文化艺术中心和体育中心两大部分构成，可以兼容专业艺术、基层文化体育等多个领域。

灵动的城市展示界面沿路展开，精心雕琢的折面组合成各种不同的功能体块，并通过多元的开放空间和流线系统互通有无，既提供了一体化的设施活动，又维系了各个空间的独特性，使之迅速成为新区文化新地标和备受欢迎的生活场所。

同时，项目总体规划契合光明新区"绿色新城"的城市定位和建设要求，充分利用了地下空间，采用了集中与立体绿化、污水与中水处理、太阳能光电与光热等措施，使之形成绿色、生态、节能的建筑群体，并达到了"一星"级绿色设计。

海上世界文化艺术中心

设计单位：深圳市华阳国际工程设计股份有限公司
项目地点：深圳市南山区
设计时间：2013年
竣工时间：2017年
用地面积：26161m²
总建筑面积：50300m²
主创建筑师：桢文彦
设计团队：

- **建筑**：田晓秋　韦　静　张　胜　张胜强　王连强　李祥柱　李万达　赵海明　卢　奋　杨绍量　林海炎　文晓华　黄建全
- **结构**：张学民　张　琳　张　帆　万　超　孔令俊　曲家新　曹勇龙　赖少颖　何日腾　王　帅　何　旺　周　辉　黄建平　文星宇　何　卓　张权鸿　张　帆　杨　威　谢加骐　李　浩　梅　松　张权鸿　周莫林
- **电气**：李炎斌　崔天龙　张定云　张晓帆　廖文宗　李　涛　崔天龙　朱子琦
- **弱电**：岳连生　谢雪梅　张定云　袁富强　卢韦冰　邓正南
- **暖通**：杨　杰　倪晓明　颜福康　黄建强　陈亮宇　宁　渤
- **给排水**：伍　凌　徐　锦　刘　毅　李意祥　黎载生　邓　玲　严忠维　杨显伟　何清龙　张　龙
- **总图**：李　勇　闵　敏　赵卫国　张韵晔
- **BIM**：韦　蔚　巨　鹏　张　磊　钟鸣宇　刘亚鑫　胡思清　姚　远　江嘉炜　袁梓霖　余东霖

海上世界文化艺术中心作为华阳国际首次与日本建筑大师桢文彦携手打造的文化艺术建筑精品，从提升城市片区品质和项目功能上入手，在设计构思上更注重整体协调，尊重使用者，充分利用了城市空间、周边建筑体量和自然资源。

文化艺术中心的建筑形态并不张扬，安静而优雅地在15km滨海岸线的一角，处于建筑顶部的三个建筑体块，就像窗口和眼睛一样，把山景、海景和园景都吸引到建筑中。在功能组织上，以山、海为南北向主轴线，

布置公共空间和中庭，上下错落布置丰富的建筑空间体验。市民可以通过南北两个大台阶自由穿行，城市活动空间延伸至 24 小时开放的屋顶花园，形成多样化的文化生活场所。

在这个有着特定历史的滨海片区，海上世界文化艺术中心作为整个蛇口文化的制高点，以设计、艺术、文化为主要展示内容的博物馆，作为现代主义风格建筑的精神展示的载体，将带来多元文化的对话与交融。

卫星大厦

设计单位：深圳市华阳国际工程设计股份有限公司
项目地点：深圳市南山区
设计时间：2013 年
竣工时间：2017 年
用地面积：26161m²
总建筑面积：46600m²
主创建筑师：田晓秋　梁　琼

设计团队：
建筑：吴　昱　李文渊　喻津津
结构：徐　洪　莫智耀　董子龙
电气：李炎斌　张定云
暖通：郭德志　甘　作
给排水：刘晓辉　黄　伟
总图：赵卫国

卫星大厦是华阳国际承接的第一个大型试验类型的工业研发办公项目。在建筑设计上，建筑立面采用 90m 高的双曲面纯白色石材墙面材料，与凹进的黑色条形窗形成鲜明对比，契合了航天产品的科技感和雕塑感。逐渐收缩的立面造型给人以向上的动感，下大上小的建筑形体也表现了设计对城市建筑高层空间的退让与尊重，减少了城市空间的压迫感，还给行人更开阔的天空和别具一格的城市天际轮廓线。

在整体布局上，生产区设置在建筑底部，装配区和试验区分别位于平面的两侧，研发区设在二至五层，并在二层楼板局部设置玻璃天窗，以开辟一个有别于传统实物陈列和图片介绍的展厅；办公区则设置在六层以上，景观更丰富、日照更充足。中庭空间在视觉上，将生产、研发、办公三个区域连成一体，也为办公楼层提供了有趣的视觉焦点。除了中庭，设计还打通了局部的上下楼层，以获得更多的开敞空间，使办公空间更富趣味性。希望通过灵活、富于变化的空间设计，更好地满足科研人员的办公需求，并激发技术创新的灵感。

福田科技广场

设计单位：深圳市华阳国际工程设计股份有限公司
项目地点：深圳市福田区
设计时间：2003~2008年
竣工时间：2013年
用地面积：38623m²
总建筑面积：278867m²
主创建筑师：田晓秋
设计团队：
  建筑：李文渊　吴　昱　倪　耀　梁　琼
  结构：陆秋风
  电气：李炎斌　陈　娟　聂应新　张定云　崔天龙
     曾庆铜
  智能：岳连生　宁　鑫
  暖通：倪晓明
  给排水：徐　锦　张景良　周　帅　黄锦良
  室内：黄灿辉　王　盛　谢成斌　林　斌　胡　晓

一条大道，一带风景，福田科技广场三栋晶体状建筑以品字形布置于连接华强北商圈及中心区的重要城市节点，简洁的几何切面造型加上清澈通透的玻璃幕墙，宛若熠熠发光的巨型水晶门，守护着中心区的东入口。品字形分布可实现相互之间遮挡的最小化，使得三栋超高层塔楼均能充分享受到周边开阔的城市景观及绿化资源。项目内部则因三栋塔楼体量巨大，而力求将空间尺度细分：通过几个小晶体建筑的分割，围绕主塔楼，形成聚而不围的空间形式，将内部人行空间划分成不同形态的小尺度街道及广场，营造一个尺度宜人的空间氛围。

穿越荔枝林的步行体系，将城市空间及城市景观引入项目的内部，而内部的休闲广场也随之成为城市公共空间的一部分。合理有效的总体布局和开敞流畅的外部空间，创建了一个与周边环境相协调、各功能体间积极互动、层次丰富、充满活力的公共综合体。

中国人寿大厦

设计单位：深圳市华阳国际工程设计股份有限公司
合作设计单位：RTKL
项目地点：深圳市福田区
设计时间：2011 年
竣工时间：2016 年
用地面积：5009m²
总建筑面积：71500m²
主创建筑师：田晓秋　朱方圆
设计团队：

- **建筑**：雷子科　范国柱　徐　军　陈丽佳　李　韵
  郑大觉　王笙源　罗启焕　周云蕾　孟凡耀
  邓林同　高　攀　郑梁文　牛　玲　弭　宁
  程广镇　陈　晨　储　波　王英杰　安学军
  钟弱贫　李文渊　王亚杰
- **结构**：张　琳　张德龙　陈宇文　郭立峰　李法超
  张权鸿
- **电气**：李炎斌　张定云　文炳基　吴欢珂　谢雪梅
  宁　鑫
- **暖通**：杨　杰　胡　勇　魏松柏　邱　平　黄尧锟
  吴　蓉　罗泓缝　张水生　周开基　杨　森
  魏松柏
- **给排水**：章才能　刘小辉　辛　幸　李　勇

奖项荣誉：

首届深圳市建筑工程优秀施工图评比项目质量金奖
结构专业优秀奖、建筑专业优秀奖

地标、现代、稳重、传统、空间、可持续、高使用率、公共性等，是对中国人寿大厦建筑精神特质的提取。首先，建筑形象从中文"人""寿"中吸取元素，树根状、具有强烈结构美感的交叉倾斜柱支撑着裙房，并在不断上升的过程中汇聚转化。

建筑的形体是两个独特的体量，南边塔楼附着一个三维 U 形裙房，环抱着北边的塔楼，显示出了具有二元性的强烈对比，两个建筑形体在不断上升中升华为一个形态完整的塔楼。简单抬升的裙房所形成的城市步行广场将用地北侧和南侧的公共绿地连接，为密集的中心区创造了更多的公共空间。外部开放空间与室内裙房空间合成一个系统，南北塔楼沿东面中间形成绿色植物垂直堆叠的公园。

夜幕降临，当灯光从晶莹剔透的建筑体量中透出时，建筑内部结构张力效果更加明显，徐徐上升的建筑显现出一幅戏剧般的场景，也预示着中国人寿蓬勃向上、永恒不竭的生命力。

深圳市清真寺

设计单位：东南大学建筑设计研究院有限公司
　　　　　深圳市东大国际工程设计有限公司
项目地点：深圳市梅林路
建筑面积：20388.93m²，
　　　　　地上 12058.37m²
竣工时间：2017 年
主要功能：礼拜殿、伊协办公、藏经堂、殡仪室等

　　当代清真寺设计的趋势是形式因素减弱，设计因素提升。清真寺与地方的地理、经济、历史文化特征相结合，基于宗教仪轨的深层结构是清真寺设计的关键与核心。

　　设计"源于传统、立足当代、面向未来"，体现"真主至上、穆民和睦、低碳创新"的总体设计要求。

　　总体设计上，根据礼拜方位和道路方位的夹角，调整大殿礼拜方位。基于基地环境，致力于设计一座融入城市环境，与城市形象、项目性质相契合，富有现代伊斯兰文化特征的现代、宁静而和谐的穆斯林活动与社会生活场所，以及具有简练的建筑风格和具有生活趣旨的内向空间。

第 2 章 商业综合体

百花齐放，百家争鸣
——深圳商业建筑发展40年总论（林毅）／126

1- 深圳中航广场 ／134
2- 欢乐海岸都市文化娱乐区项目 ／135
3- 深圳万科壹海城 ／136
4- 深圳保利悦都花园城市综合体 ／138
5- 深圳绿景虹湾 ／140
6- 深圳华润中心二期 ／141
7- 鹏瑞深圳湾壹号广场 ／142
8- 深圳壹方中心 ／143
9- 深圳京基滨河时代 ／144
10-CoCo Park ／146
11- 皇庭广场 ／147
12- 深圳市华润中心一期（华润万象城与华润大厦） ／148
13- 深业上城南区 ／150
14- 深圳中航城九方购物中心 ／152
15- 龙光玖龙台 ／154
16- 丰盛町地下阳光街 ／156
17- 福华路地下商业街 ／157
18- 恒大天璟大厦 ／158
19- 宝能城 ／159
20- 深圳中熙珑湾上城 ／160
21- 华强北恒邦壹峰 ／162
22- 汇天金琅大厦 ／164
23- 远洋新干线 ／166
24- 海上世界广场 ／168
25- 南海意库梦工场大厦 ／170
26- 深圳招商中环 ／172

百花齐放，百家争鸣
——深圳商业建筑发展40年总论

- 林毅　香港华艺设计顾问（深圳）有限公司副董事长，总建筑师
　　　　国务院特殊津贴专家
　　　　广东省工程勘察设计大师

1978年12月，改革开放的总设计师邓小平在中共中央工作会议闭幕会上发表了《解放思想，实事求是，团结一致向前看》的讲话，这宣告了新中国改革开放的开始，也为深圳作为新中国第一个经济特区的城市建设拉开了序幕。国家批准设立深圳经济特区，深圳的城市发展有目共睹，一轮轮的经济发展给城市带来一次次商机，一次次的商机刺激了一批批商业建筑的发展，一批批商业建筑的发展反映了深圳经济特区发展的特色。深圳经济特区这条富有特色的发展之路，决定了深圳商业建筑有着一段不凡之旅。

一、商业建筑

商业建筑广义上的定义是指以购物行为为主要商业行为的建筑。

商业建筑，从建筑学角度集合了空间与功能的众多方面。一般是指一个商业设施集聚的区域，是多元化消费中心，包含购物、休闲、娱乐、文化等服务功能，同时也结合交通枢纽、停车等其他公共服务设施。它具有综合性，跨学科领域的特点，既属城市规划设计的范畴，也涉及商贸、旅游、文化等多学科领域，是一个系统化的城市建设工程。所以，商业建筑的发展，从某一角度反映了地区的经济活跃度，也体现了这一区域人民的生活水平。通过分析深圳各阶段的商业建筑就会发现，深圳商业建筑的发展与深圳经济建设的发展是紧密相连的。

二、发展历程

1. 缘起东门老街、人民南片区、华强北片区（1980年到20世纪90年代初期）

20世纪80年代特区刚刚成立，城市建设以基础建设和轻工业为主，这一时期商业建筑主要有三种类型：

（1）依附老城区的传统商业，以东门商圈为代表

以前有句俗话：不到东门，你就没来过深圳。东门老街由明清三百年古街发展而来，

仿古与现代建筑交相辉映,既有岭南骑楼风貌,又有现代化的太阳百货、铜锣湾广场等。这里是深圳商业发展的起源地,现在已经发展为由15条商业街巷组成的传统风貌街区,商业总量超过80万㎡。

(2)利用毗邻香港的优势,发展外贸为主的百货商业,如沙头角中英街、友谊商场、国贸商场、友谊商厦

传统的百货商店和免税商场是这一时期零售商业的主体。

沙头角中英街,一条小街两边分别属于不同体制下的小商店,虽然规模都很小,建筑也没什么特色,但那独特的商业氛围实在是当时特区一大商业奇观,是一国两制的最好体现。

7层高的罗湖第一楼友谊商厦,是1982年深圳的最高楼。而一楼的"友谊商场"更像是通向世界的窗口,相对传统的百货超市,这里经营的进口商品处处提醒着顾客,这里是改革的最前沿。

1985年12月竣工的国贸大厦是中国第一代摩天大楼的代表作,创造了三天一层楼的"深圳速度",裙楼的拱形玻璃中庭与两侧连廊的国内首家室内音乐喷泉相互映衬,不停变幻的灯光吸引着来来往往的商贾。

(3)工业区的配套商业,如上步、八卦岭、笋岗工业区,其中最有代表性的是上步、华强北工业区

上步工业区定位是轻工电子装配工业区,深圳第一座高层建筑电子大厦在1982

年8月建成，标志着商圈的萌芽。1988年，赛格大厦建成营业，其裙楼的赛格电子市场，是全国第一家专门销售国内外电子元器件的电子市场，促进了上步、华强北工业区由电子制造转型为中国最大的电子交易市场。

2. 深南中路、福田中心区、华侨城片区、南山中心区（1992～2010年）

20世纪90年代，深圳建设沿深南大道由东向西展开，市政府也从荔枝公园边上搬到了福田中心区的市民中心。福田和南山都得到快速发展，短短几年时间里，形成了深南中路、福田中心区、华侨城片区、南山中心区等多个商圈。这一时期深圳商业建设发展的特点如下：

（1）借鉴发达国家和地区的经验，建设大型购物中心

罗湖：中国第一Mall铜锣湾广场华发店2000年底开业，这是深圳第一家购物中心。深圳市政府的重点工程中信城市广场于2002年开业，和星光广场合为一体，是深圳重要的门户，标志着深圳购物中心时代的开启。

2004年的华润万象城是华润置地在深圳的第一个购物中心项目。深圳万象城系列经典之作，两期商业共18.8万㎡，汇聚了一众国际奢侈品品牌，是深圳高端商业标杆。作为深圳商业的龙头项目，乃至全国高端商业体的代表，深圳万象城开业14年以来，一直保持着很强的活力。2017年商场销售额77亿元，稳居深圳首位。

福田：2006年国内首家情景式体验休闲购物中心福田CoCo Park开业。它是一站式大型购物中心，连接两条地铁线，多平台入口，建有大型下沉式露天广场，沿广场汇集了各类餐饮，具有浓厚的休闲气氛，深受城中年轻人的喜爱。

在CoCo Park对面的星河国际，是这一时期典型的商住结合建筑形式，裙楼整体商业与塔楼住宅部分功能完整切分，相对独立的商业布局使君尚百货一直是深圳高端百货的代表。

南山：2007年南山海岸城开业。它位于南山商业文化中心，具有强烈的轴线、对景关系，是深圳具有滨海风情特色的购物中心。采用立体联合模式，一层被道路分为东西两区，楼上相互连通。人车完全分流，保证了商业步行系统的安全。

华润万象城

星河 CoCo Park

海岸城涵盖了零售、百货、餐饮、影城、冰场等丰富的商业空间，集商业、办公、居住、金融、文化于一体。以大型百货商场、文化广场为主，各项配套齐全，是典型的商业综合体建筑。

（2）随着城市的发展，工业区外迁，工业厂房改造成各种主题购物商业

最具代表性的上步工业区华强北商圈。深圳发展的速度大大超出了当初规划的预期。上步工业区的建设也是一个深圳特色的建筑功能腾笼换鸟改造史。1994年，万佳百货首先将美国仓储式百货模式带到中国，大大推进了工业区转型商业中心的步伐。接下来的顺电、国美、女人世界、华强茂业百货商场，都是以柜台式为主的独栋商业建筑，主题百货购物为主兼顾餐饮，建筑形式简单。近年华强北片区打造立体步行街，不设机动车道，使得这一商业街区又焕发了新的活力。

（3）结合旅游及休闲文化主题的商业，华侨城、海上世界、欢乐海岸购物中心等

华侨城：2008年开业的益田假日广场是中国首家国际化体验式购物中心的代表。商业与旅游相结合，标志着深圳向消费服务型城市的转型。该项目之外，益田集团在龙岗、宝安大港片区都成功打造了社区商业型的益田假日天地。

蛇口海上世界：海上世界位于蛇口半岛，依山傍海，由明华轮、船前广场、海滨商业中心以及新建的海上世界汇港购物中心（约7万m²街区Mall商业）、五星级希尔顿酒店、15km滨海长廊、艺术文化中心和高档公寓住宅等组成，是一个融餐饮、娱乐、购物、酒店、办公、艺术、度假、休闲、居住于一体的国际滨海休闲片区。

其中2013新建的海上世界汇港购物中心为中央休憩式商业街区，属于复合型商业业态，是继连锁店、专卖店、折扣店、超市、购物中心、Shopping Mall之后，在商业流通领域兴起的业态。街区Mall更强调景观化和全生态，绿色生态系统植入其中，步移景异，丰富了街区的体验性和参与性。

蛇口海上世界沧海变桑田，更新发展成为休闲交往的中心，更是一个城市发展史的缩影。

蛇口海上世界

欢乐海岸购物中心：2014年开业的深圳欢乐海岸购物中心位于南山深圳湾，是休闲旅游+组团复合型商业街区的代表。沿湖布置海岸吧街，是以零售为主的购物广场，影视、娱乐等功能融于一体的开放式街区，是新中式与现代元素相得益彰的海岸风情群落，也是体验经济背景下商业与规划结合的成果，开创了国内商业消费与市民休闲生活相结合的新模式。

3. 根据《深圳市城市总体规划2010-2020》深圳经济发展处于保持高效增长的转型阶段，将大力推进传统产业升级，加快发展高端服务业。围绕三级城市中心体系、2个城市主中心、5个城市副中心、8个组团中心进行建设。规划中，这一阶段中城市更新处于建设的重点

随着城市更新建设，房地产蓬勃发展，商业建筑也开始了新的模式，工业区全面边缘化，城市更新和高科技产业成为建设的主角。

蔡屋围片区：2010京基金融中心KK Mall购物中心，位于深圳地标建筑京基金融中心，是罗湖又一座高端购物中心。具有充满动感的流线型入口。

下沙片区：京基滨河时代2016年开业的下沙KKone，10万㎡，有零售、餐饮、服务、娱乐休闲等综合型业态。

深南中航片区：1985年工业厂房改造的天虹商场（深南店）开业，位于福田区深南大道，是深圳历史最悠久的老牌商场，2008年关店。2015年在原址升级改造7万㎡，为深圳市中航广场君尚百货世纪汇购物中心。

欢乐海岸购物中心

京基金融中心KK Mall购物中心

京基滨河时代KKone

同年底深圳中航城九方购物中心开业,作为深圳首个LOVE主题体验式购物中心,它的商业建筑面积约18万㎡,开放式街区与室内购物中心结合,是主题街区方式的典型商业街。

华润万象天地:超大体量的深圳华润中心二期万象天地2017年开业,商业面积24万㎡,包括购物中心和街区型商业,项目定位轻奢,项目业态丰富,包括了购物中心、独栋、"高街"和"里巷"两条街区,"街区+mall"这种开放式的建筑形态在深圳很新颖,同时,商场加强了艺术化、生活化的感觉。

同期,华润在布吉片区的万象汇开业。布吉万象汇商业建筑面积14万㎡,商场融零售、餐饮、服务、娱乐休闲、影院、超市等于一体。

绿景虹湾:位于深圳市福田区梅林片区,在两条地铁线的汇合点。梅林片区不到10 k㎡,聚集了40万人口,住房及商业需求旺盛,创造性地解决了高密度与高品质

世纪汇购物中心

中航城九方购物中心

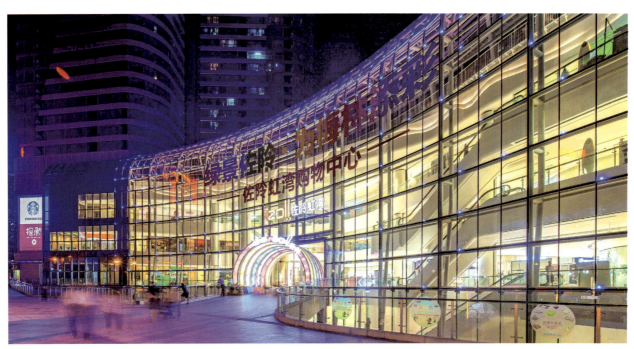

绿景虹湾

深业上城

的矛盾。

深业上城：莲花山公园和笔架山公园之间的深业上城，项目的商业建筑面积约17万㎡，地铁10号线直接连通商场，底部3层是峡谷风格的购物中心形态，顶层上规划成商业街区，局部设计了红黄白各色砖房，仿照欧洲小镇的感觉。

三、小结

商业建设是城市规划与城市设计的重要节点，是一个城市和文化的重要载体。作为城市公共活动空间和商业空间的重要组成部分，城市商业建筑在深圳过去40年的城市建设中占据了重要地位。

深圳商业建筑的发展与城市规划发展一致，随着深圳轨道交通逐渐向西、向北延伸拓展。宝安的港隆城、龙岗五洲风情Mall，龙岗CoCo Park，新安商业，龙华商业，沙井商业等以点带面逐步形成了特色化、规模化、网络化的区级商业中心区。

社区型购物中心、滨海开放式购物中心、奥特莱斯等各种类型，百花齐放，龙华九方、龙华CoCo City等社区型购物中心代表，8号仓、奥特莱斯、深圳来福士、万象天地、壹方城等陆续开业，推动着深圳商业建筑向更加多元化的方向发展。

四、发展展望

2018年国务院发布《进一步深化中国（广东）自由贸易试验区改革开放方案》，打造开放型经济新体制先行区、高水平对外开放门户、粤港澳大湾区合作示范区，湾区建设将全面提升区内城市，深圳将进一步迈向世界级城市。

面对新的机遇，我们要再一次"解放思想，实事求是，团结一致向前看"。不拘泥于40年的成绩，不束缚于现有的商业设计手法，不裹足于旧的思维模式，勇于面对新的挑战。

商业建筑的设计将转向强调空间设计和文化，与生活体验相结合，购物中心与文化博览设施结合。

实事求是地根据深圳的发展状况，结合具体的项目条件，利用大数据进行详实的分析预判。针对轨道交通组团、卫星城、区域中心商业、旅游中心、地下空间建设等不同的区域商业环境，采取特色化、网络化、规模化、主题化的设计手法，建设多元化、节点化的商业建筑。

为人民日益增长的美好生活需求做出不懈努力，积极探索商业建筑的发展，深圳建筑同仁携手创造更加美好的明天。

深圳中航广场

设计单位：深圳市建筑设计研究总院有限公司
项目地点：深圳市福田区
设计时间：2006～2007年
竣工时间：2014年
工程类别：商业办公建筑
结构形式：现浇型钢框架—钢筋混凝土剪力墙核心筒结构
占地面积：17100m²
建筑面积：240000m²
建筑高度：280m
奖项荣誉：2015年度广东省优秀工程勘察设计奖公共建筑三等奖

欢乐海岸都市文化娱乐区项目

设计单位：深圳市建筑设计研究总院有限公司

合作设计单位：美国 LLA 建筑事务所

项目地点：深圳

设计时间：2009 年

竣工时间：2013 年

结构类型：型钢结构及混凝土框架

占地面积：564000m²

总建筑面积：260000m²

建筑高度：35m

获奖情况：

  2014 年获深圳市第十六届优秀工程勘察设计公共建筑一等奖

  2015 年获广东省优秀勘察设计奖公共建筑一等奖

深圳万科壹海城

设计单位：深圳华森建筑与工程设计顾问有限公司

设计团队：

  建筑：谷再平　雷件华　邱志威　喻磊　刘珊珊
     江依林　李 欣

  结构：张良平　曹伟良　彭亮茗　张文超　周军民
     许方根　周军民　庞 涛　张晓波　周宗纬
     彭亮茗

  给排水：周克晶　钟小林　姚冠钰　林栋花
      辛婷婷　徐 彪

  暖通：李百公　杜 岳　王 韬

  电气：张立军　王鹍鹏　马 骏　袁 洋　陈树声
     梁耀源

  总图：贾宗梁

合作单位：西萨佩里建筑事务所、美国5+Design、深圳华汇

项目地点：深圳

设计时间：2011～2018年

竣工时间：2018年

用地面积：137000m²

建筑面积：525700m²

建筑高度：230m

奖项荣誉：深圳市第十六届优秀工程勘察设计奖公共建筑一等奖

第二届深圳市建筑工程优秀施工图设计项目奖公建类铜奖、电气专业奖（三区二期）

第二届深圳市建筑工程优秀施工图设计项目奖住宅类银奖、给排水专业奖（三区一期）

第二届深圳市建筑工程优秀施工图设计项目奖住宅类电气专业奖

2015年度广东省优秀工程设计三等奖（北区）

建筑创新点：

功能复合，设计周期长；建筑体量大，结构体系复杂；绿色建筑三星标准，设备系统复杂，设备机房多。

深圳保利悦都花园城市综合体

设计单位： 深圳华森建筑与工程设计顾问有限公司

设计团队：

    建筑：李 涟 白 威 刘 翀 李思思 苏 阳
           辛 威

    结构：张立军

    给排水：林 琳

    设备：陈晓铭

    电气电讯：李 丛

    总图：万 维

    项目经理：李 刚 易宁伶

    设总：李 涟 白 威 刘 翀

项目地点： 深圳

设计时间： 2013~2014 年

项目面积： 138000m²

高度： 100m

项目位于深圳市龙华区,商业街的建筑形式和景观设计风格体现轻松、时尚、个性等特征,符合年轻人的审美趣味,同时打造品质感。由于龙观东路和青龙路是两条主要城市道路,人流密集,现已形成较好的商业氛围,商业价值高,因此设计师将商业设置在这两个方向。住宅区布置于用地的西南侧,较为安静。在充分地将高商业价值区域让出之后,设置较大的中心花园提高居住品质。建筑布置方向与商业及城市道路呈正交关系,柱网对商铺平面影响小。肉菜市场位于01-01地块西南角,为居民的日常生活提供服务。

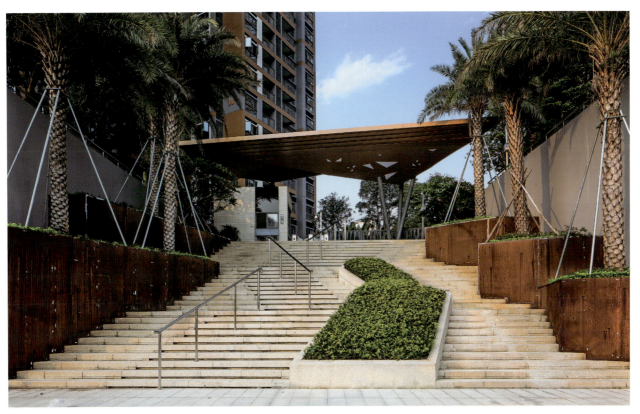

深圳绿景虹湾

设计单位：香港华艺设计顾问（深圳）有限公司
项目地点：深圳市福田区梅林片区
设计时间：2009 年
竣工时间：2016 年
用地面积：321785m²
建筑面积：223414m²

项目住宅采用单排布置，最大限度获得好的朝向和景观，解决住宅间的相互对视问题。平面安排上，在满足日照（特别是用地外北侧的现有住宅的日照要求）的情况下，将住宅呈 L 形布置，保证在南北向及东西向各自获得深远的视野，实现户型景观的合理分配。

商业、住宅塔楼沿梅林路和北环大道大幅后退，结合公交广场，让出商业广场并通过连续的裙房展示浓烈的商业氛围，转角处一座高标准现代感的超高层公寓占据了整个社区的制高点，成为整个片区的地标。

项目首层外围沿街布置少量商铺，一二层为时尚购物和运动超市等卖场功能模块，三楼布置电影院、反斗乐园等娱乐功能。商业空间在设计规划中，全部采用大空间的格局，大线条直线和弧线，采光中庭和边庭结合，充分利用自然光线，光与影的投射在不同的时段交汇出不同的光影体验；内部人流动线简洁流畅，大尺度的弧线空间、玻璃与金属构筑有如巨轮船舷，不锈钢板的应用，舒适而不失奢华，内部空间进行细致划分，在楼层间交替，视觉上的变更让移步换景的体验感无限止地表现出来。

深圳华润中心二期

建筑 / 结构 / 机电设计：
　　悉地国际设计顾问（深圳）有限公司
方案设计： RTKL
项目地点： 深圳市罗湖区
设计 / 竣工： 2005年 / 2010年
建筑面积： 294000m²
奖项荣誉： 深圳市第十四届优秀工程勘察设计建筑工
　　　　　　程类二等奖

项目一二期相互补充，形成了集高端住宅、特色餐饮、休闲购物、文化娱乐、高档酒店等多功能于一身的最具规模的城市综合体之一，也是深圳乃至大中华地区综合体建筑的典范。设计将众多相互独立又关联紧密的建筑功能恰到好处地组织在一起，各自拥有独立的组织空间和交通流线，使用过程中又能相辅相成，迷人的小酒吧和雅致的高级餐厅精巧地布置在交通流线的节点处，生动地点缀了整个地块。

鹏瑞深圳湾壹号广场

建筑 / 结构 / 机电设计：
悉地国际设计顾问（深圳）有限公司 +TT+ 柏诚
方案设计： 美国 KPF 建筑师事务所 +AUBE
项目地点： 深圳市南山区
设计 / 竣工： 2011 年 / 2018 年
建筑面积： 372310m²

项目紧邻深圳湾内湖一线海景，一侧连接连绵的远山自然风光，另一侧比邻后海地区，形式上通过场地的高差错落、空间开合变化，以不遮挡海景视线为原则，利用高质量的玻璃幕墙及金属构件，打造极美顶级海湾生活。设计上大力推广绿色建筑、覆土建筑；加强可再生资源和新能源利用；注重公共廊道和通道的景观建设；推广低碳生活理念，营造绿色宜人的滨海生活环境。

深圳壹方中心

建筑/结构/机电设计：
　　悉地国际设计顾问（深圳）有限公司
方案设计：悉地国际 + CRTKL
室内设计：LIA
项目地点：深圳市宝安中心区
设计/竣工：2010 年 / 2017 年
建筑面积：882370m²

　　壹方中心位于深圳前海宝安中心区的核心地段，毗邻城市中心轴线，有"前海封面"的美誉。项目在研究都市购物、商务与居住的规划策略前提下，力求亲人尺度，巧妙结合商业动线与公共步行动线之余，设置商场内部多层停车楼，贯通地上地下的联系。作为深圳已建成的最大面积的单体量都市综合体，设计在满足大型综合体设计理性策略的前提下，很好地提升了前海及宝安中心区的都市生活品质，对于城市开放性空间与商业设计需求的融合，放在深圳来看都是很好的思路。

深圳京基滨河时代

设计单位：筑博设计股份有限公司
设计团队：杨为众　马镇炎　杨晋　曾小飞　钟锦招
　　　　　赵雪峰　郏潜程　龙浩　徐新伟　李强
　　　　　黄曙光　汪清　朱旭　刘红
项目地点：深圳
设计时间：2010 年
竣工时间：2014 年
用地面积：53277m²
建筑面积：532613m²
合作单位：美国 Laguarda Low Architects
奖项荣誉：2015 年"美居奖"南赛区中国最美商业综合体
　　　　　2016 年中国建筑学会建筑创作奖公建类一等奖
　　　　　2017 年广东省优秀工程设计二等奖
　　　　　首届深圳建筑创作奖建成类银奖

建筑创新点：

项目地块位于深圳市福田区西南端滨海的下沙片区，是一个大型城市旧改项目，周边环境复杂，公共配套散乱且不够完善。但这同时也给项目提供了契机：可以塑造复合功能的城市公共场所和形成片区有活力的聚合中心，同时与周边的交通、生活、休闲、娱乐进行无缝接驳。基于项目的这一切入点，采用的策略是将商业空间向城市开放，形成一些能和周边发生关联的城市开放广场，并将这些城市广场进行巧妙串联，形成一条具有穿越体验的城市商业内街。它将给片区提供一个高质量的城市公共空间，同时能更好地激发商业活力，聚集更多商业人流。

CoCo Park

设计单位：北建院建筑设计（深圳）有限公司
合作设计：香港尔本建筑师事务所
项目地点：深圳市福田区
设计时间：2003 ~ 2004 年
竣工时间：2007 年
建筑面积：80000m²
建筑高度：24m

奖项荣誉：
  2008 年北京市优秀工程设计综合奖二等奖
  2008 年全国优秀工程勘察设计行业奖公共建筑二等奖

设计特点：深圳首个园林体验式商业购物模式

皇庭广场

设计单位：北建院建筑设计（深圳）有限公司

项目地点：深圳市福田区

设计时间：2003～2004 年

竣工时间：2007 年

建筑面积：80000m²

建筑高度：24m

奖项荣誉：

  2015 年北京市优秀工程设计综合奖二等奖

  2015 年全国优秀工程勘察设计行业奖公共建筑

深圳市华润中心一期（华润万象城与华润大厦）

设计单位：广东省建筑设计研究院
合作单位：RTKL
项目地点：深圳
建筑面积：231000m²
建筑高度：139m
设计时间：2002年6月~2003年6月
建设时间：2002年10月~2004年12月
设计阶段：方案配合、初步设计与施工图设计

奖项荣誉：
第四届全国建筑学会优秀结构设计二等奖
2006年建设部优秀工程设计二等奖
香港2008年优质建筑大奖境外特别奖
第十二次广东省优秀工程设计一等奖
2010年度中国房地产业最高大奖——广厦奖

设计概要：

项目位于深圳市罗湖区——深圳金融商业核心区域，地处深圳市东西贯通的两条主干道深南大道和滨河大道之间，与地王大厦隔深南大道相望。万象城被评为中国十大购物中心、深圳十大商业地标建筑，是深圳最大的购物及娱乐中心。它整合了百货公司、国际品牌旗舰店、时尚精品店、美食广场、奥运标准室内溜冰场、大型动感游乐天地、多厅电影院等元素，为深圳居民及游客提供了一站式购物、休闲、餐饮、娱乐服务。

深业上城南区

设计单位：深圳市华阳国际工程设计股份有限公司
合作设计单位：SOM/ARQ/URBANUS/ARUP/RLB/MVA/S+M/FO
项目地点：深圳市福田区
主创建筑师：薛升伟　田晓秋　古锐
设计团队：

- **建筑**：孔辉　肖斌　王亚杰　韦静　张允　黎永祥　王健君　简欢　付锐　燕立欢　赖耿彬　李少群　李祥柱
- **结构**：张琳　程华群　陆秋风　谢春　张学民　叶松　程志杰　孟幻宇　曹秋迪　郭立峰
- **电气**：李炎斌　聂应新　张定云　文炳基　吴欢珂　施潘
- **暖通**：杨杰　杨森　倪晓明　胡勇　魏松柏　李春艳　邱平
- **给排水**：徐锦　章才能　刘小辉　刘进　蔡晶晶　黄锦良
- **总图**：李勇　赵为国

设计时间：2011年至今
竣工时间：未竣工
用地面积：96266 m²
建筑面积：938520m²

奖项荣誉：
第三届深圳市建筑工程施工图编制质量金奖
第二届深圳市建筑工程施工图编制质量结构专业奖、电气专业奖、暖通专业奖
第五届全国民营工程设计企业优秀工程设计华彩奖金奖

赛格日立工厂位于市中心，占据地段之利，但随着城市的发展与产业升级，景象日益萧条。2011年华阳国际承接深业上城项目，在方案规划及前期研究中，基于地块的自然资源和区域关系，创造性地提出"缝合城市空间"的设计策略：缝合原本割裂的城市孤岛，连接莲花山与笔架山，从而形成复合型城市地貌。

随着项目的深入，SOM、ARQ、URBANUS、ARUP等世界顶尖的设计团队逐步介入。华阳国际作为项目规划、设计及总协调方，与合作团队共同承担南区两座超高层塔楼、三栋标高层产业研发用房、一栋高层酒店宴会厅及商业裙房的设计，探索复合型城市综合体的新的表达方式。

作为深圳第一批重点城市更新项目，深业上城于2018年1月28日掀起了开业的序幕。随着购物中心+品牌街+小镇这一多元商业形态的全面绽放，以及以新设计手法组织地块与城市中轴线、城市公园、周边社区以及交通网络之间的关系，必将重新汇聚人流，激活片区的生机与活力。

深圳中航城九方购物中心

设计单位：深圳市华阳国际工程设计股份有限公司
合作设计单位：RTKL/MVA/PB/ARUP/SWA
主创建筑师：薛升伟　古　锐
设计团队：
建筑：梁　琼　张　允　王健君　伏　鹏
结构：张德龙　陆秋风　曹秋迪　郭立峰　李法超
电气：聂应新　崔天龙　文炳基　王　晖　张念友
暖通：黄　乘　倪晓明　魏松柏　李吉辉　程　军
给排水：章才能　刘小辉　辛　幸　陈晨凯
项目地点：深圳市福田区华强北商圈
设计时间：2007～2013年
竣工时间：2015年
用地面积：28025m²
总建筑面积：251238m²
奖项荣誉：
　　2017年度广东省优秀工程勘察设计奖工程设计二等奖
　　深圳市第十七届优秀工程勘察（建筑工程设计）一等奖

项目位于福田区华强北商圈。2005年，中航片区整体改造计划正式公布：未来将打造成为一个集商业、办公、商务公寓和酒店于一体的、最大规模的综合性商贸建筑群——"深圳中航城"。

历时八年，华阳国际在中航片区城市更新的弹丸之地，一改传统购物中心的封闭，采取多层退台的开放式布局，打造了一个开放式街区与室内型购物中心完美结合的商业典范。并在设计中，持续关注"人"的体验，于稠密的城市中心区实现综合体的资源共享和互补，以立体式的开放空间积极整合、疏通城市空间，塑造城市核心最生动的生活景象。

如今，中航九方购物中心已经成为当下的消费热点，丰富的业态也赋予了这个沉淀城市记忆的片区崭新的内容。

第 2 章 商业综合体 **153**

■ 主力店　■ 商铺　■ 餐饮
连廊的加入，突破了地块分散带来的限制

■ 中航城项目区域

龙光玖龙台

设计单位：深圳市华阳国际工程设计股份有限公司
主创建筑师：薛升伟 唐志华 高翔 古锐 孔辉
方案设计团队：骆欧文 杨益婷 沈牧阳 唐晓曦
　　　　　　　　徐衍锴 伍晓峰 魏强 李明
　　　　　　　　杨正 梁卫杰 石灿 陈泽伟
　　　　　　　　徐欣 覃夏云 陈惠平 曾琪程
项目地点：深圳市光明新区
设计时间：2016～2017年
竣工时间：未竣工
用地面积：152441 m²
建筑面积：446999 m²

　　项目位于深圳市光明新区，是一座集办公酒店、大型高端购物中心及高档都市生态居住社区于一体的都市地标核心体。项目由一座多元业态复合购物中心与上盖两座200m的超高层地标塔楼、1座超高层精品公寓，以及居住组团与公共配套、生态绿地公园组成。设计充分呼应绿色生态环境原则，使用TOD立体交通空间组织模式，通过创新设计理念体现现代都市核心综合体的多元化魅力，树立深圳未来价值标杆，引领市场潮流。

丰盛町地下阳光街

设计单位：深圳市市政设计研究院有限公司
项目地点：深圳
用地面积：13924.77m²
总建筑面积：28037.1m²
竣工时间：2009 年

获奖情况：

2011 年广东省优秀工程勘察设计三等奖
深圳市第十四届优秀工程勘察设计二等奖

项目位于深圳市深南大道车公庙段，主体设在深南大道两侧 30m 宽绿化带下，用地西起大庆大厦，东至中国有色金属大厦。项目主体为地下 2 层结构，顶板设 2m 厚覆土层，绿化有机环绕建筑与道路设置。

建筑创新

利用地铁建设时大开挖施工工法形成的冗余空间，结合城市功能需求，集约利用城市地下空间，激活区域活力，培育地铁客流。

福华路地下商业街

设计单位：深圳市市政设计研究院有限公司
项目地点：深圳
获奖情况：
  2013年度广东省优秀工程设计三等奖
  深圳市第十五届优秀工程勘察设计二等奖

项目位于深圳市中心区福华路段，主体设在福华路机动车道下，项目西起地铁购物公园站厅层，东至地铁会展中心站厅层。为地下一层框架结构，总建筑面积29000m²，总长度约660m，南北宽13~63.3m不等，结构总高度6.8~7.7m。地下街具有战时人防工程功能。

建筑创新

利用地铁建设时大开挖施工工法形成的冗余空间，结合城市功能需求，集约利用城市地下空间，激活区域活力，培育地铁客流。

恒大天璟大厦

设计单位：深圳和华国际工程与设计有限公司
项目总负责人：梁绿萌
方案设计：赵文浩　肖　斌　叶喜荣
施工图设计：黄继铭　王晓明　史楚林　林碧懂
　　　　　　肖　波　徐培基　罗　刚　黄良华
项目地点：深圳
设计时间：2015年
建筑面积：151298.45m²
建筑高度：208.15m
结构类型：塔楼框架-核心筒结构；裙房及地下室框架结构，一级工程
获奖情况：2016年国际人居生态建筑规划设计建筑金奖

项目概况：

商业裙房每层在中庭位置设有两组扶梯，用于垂直交通联系，并且设有4台客货两用电梯用于后勤及辅助交通联系。每栋塔楼设有11台高速电梯，电梯按分区使用设置，其中低区3台，中区3台，高区4台，消防电梯1台；同时设置两部转换电梯，用于车库和办公大堂之间的交通联系。

办公塔楼单体设计考虑项目的整体性、标志性。从整合立面设计入手，立面处理上采用现代简约的设计风格。每栋塔楼采用平整干净的玻璃幕墙作为主要的设计元素，形体上配以连续的凹凸变化，并穿插空中绿化元素，整体设计紧凑、合理，具有现代气息。

裙房立面与塔楼相协调，横向的商业连续界面衬托塔楼体块的高耸挺拔气质，形成对比呼应。在表皮的肌理处理上，不同材质间采用体量进退凹凸变化、局部断线的设计手法，提炼等距等角度元素。独此区域，形成场所地标。

宝能城

设计单位：深圳和华国际工程与设计有限公司
工程地点：深圳
项目总负责人：梁绿荫
方案设计：赵文浩　肖　斌　黄　靖　史楚林　周仁程
设计时间：2012 年
建设规模：

东区：总建筑面积：632858.00m²；建筑高度：175.50m；结构类型：塔楼框支剪力墙结构；裙房地下室以及幼儿园采用框架结构，一级工程

西区：总建筑面积：212827.00m²；建筑高度：99.70m；结构类型：塔楼框支剪力墙结构；裙房地下室以及幼儿园采用框架结构，一级工程

获奖情况：2015 年全国人居经典建筑规划设计建筑金奖

项目概况：

形象定位：大学城、人文智慧综合体。

产品定位：深圳人文智慧板块，集高端住宅、酒店式公寓、商业、酒店于一体的综合体。

住宅：充满创意、活力与文化底蕴的高端人文智慧型超高层住宅。在产品方面，它将是深圳住宅市场又一标杆。无论产品的建筑、立面、园林，都使它可成为深圳的标杆物业；在节能环保、新材料新技术的运用、精装等方面，也成为领衔深圳的先进住宅。

商业：以文化、亲子教育等为主的商业，配以生活需要的中型超市、餐饮等。

酒店：四星级设计酒店。

深圳中熙珑湾上城

设计单位：深圳和华国际工程与设计有限公司
设计时间：2017年
项目总负责人：梁绿荫
方案设计：陈 楠　郭潮水　王绍箕
施工图设计：黄继铭　史楚林　林碧懂　肖 波
　　　　　　　徐培基　罗 刚　黄良华

工程地点：深圳
建筑面积：42.4万 m²
建筑高度：150m
结构类型：塔楼框架剪力墙结构，裙房框架结构

项目概况：

项目位于深圳市宝安区沙井街道南环路与西环路交叉口，周边多为工业区，配套资源匮乏。本案定位为服务周边的复合城市综合体。本案集办公、公寓、住宅、集中商业、沿街商业及幼儿园于一体，规划上强调各功能区域的紧密融合。住宅塔楼围合布置实现庭院最大化，同时关注建筑朝向，让每栋住宅视线相互错开，在高容积率的条件下规避各栋楼相互之间的视线干扰，在满足满覆盖率条件下实现沿街商铺的最大化，沿街商铺串联各业态形成一个有机统一的整体；产品设计强调均好性，根据深圳市场特点，获得最大化附加值以利于销售。本案建筑高度达150m，立面设计强调打造项目昭示性，立面上运用清晰的横线条消减建筑高度带来的高耸的突兀感，通过现代简洁的细部元素和典型现代建筑设计语言，凸显优美挺拔和典雅的建筑形象。

华强北恒邦壹峰

设计单位：深圳和华国际工程与设计有限公司
项目总负责人：梁绿荫
方案设计：陈 楠　龚 明　沈时吟
施工图设计：黄继铭　史楚林　林碧懂　肖 波
　　　　　　　徐培基　罗 刚　黄良华
项目地点：深圳
设计时间：2013年
建筑面积：63512.91m²
建筑高度：118.45m
结构类型：塔楼框架-核心筒结构，裙房采用框架结构，一级工程

项目概况：

1. 本案以办公与公寓为主体，底部辅以两层相对独立的商业裙房，形成贯穿空间。与其他商业裙房相比，更具优越性和人性化处理，将城市元素成功引入建筑。

2. 明晰的划分使本案从形态、功能、使用和销售上都具有了鲜明的特征和实际的可持续运作性。

3. 立面设计继承和发展了理性主义追求简洁、注重功能的原则，形势与结构相统一，追求现代建筑立面设计手法的精髓，并加以抽象，提炼简化进行演绎，创造出"简约、时尚、具有个性"的新现代主义建筑风格，使其成为城市的亮点。

综合考虑项目区位特征与功能属性以及周边环境现状，我们将把该项目打造成集办公、购物、休闲、娱乐为一体的都市综合形象区，推动社区新都市生活的升级。

汇天金琅大厦

设计单位：深圳和华国际工程与设计有限公司
合作单位：凯达环球建筑设计咨询（北京）有限公司
项目总负责人：梁绿荫
施工图设计：黄继铭　王晓明　史楚林　林碧懂
　　　　　　肖　波　徐培基　罗　刚　黄良华
工程地点：深圳
设计时间：2017 年
建筑面积：37169.32m²
建筑高度：149.85m
结构类型：塔楼框支剪力墙结构，裙房采用框架结构，
　　　　　一级工程

项目概况：

项目形象定位：高端精品办公写字楼。

办公：充满创意、活力的高端物业，结合地区产业链弥补人民南片区办公物业不足的问题，它将是深圳办公市场又一标杆，在节能环保、新材料新技术的运用、精装等方面，也将领衔深圳。

商业：以社区配套为主的商业，引入生活需要的精品服装、高档餐饮等高端业态，提升项目档次。

标志性建筑，以流水般灵动的外立面及150m的建筑高度，成为地区又一地标性建筑。

服务社区，创造公共空间，加强社区内部与城市绿地的联系，提高项目的公共属性。

便利的公共交通系统：倡导绿色出行，项目邻近多条地铁线，方便周边人群自由出行。

远洋新干线

设计单位：深圳和华国际工程与设计有限公司
项目总负责人：梁绿荫
方案设计：刘栩科　蒙琪君
工程地点：深圳
建筑面积：550138.47m²
建筑高度：120m
结构类型：塔楼框支剪力墙结构，裙房采用框架结构，一级工程

项目概况：

整体项目定位：地铁沿线物业·城市综合体。

在环境规划中强调室外空间的贯通交融，形成系列的社区活动场所，为具有多元文化格调的阶层提供交流的平台。

以"和谐有序"作为控制建筑布局的要素，建筑格局有机组合，实现布局上的内在逻辑联系。楼宇沿用地周边布置，用地南侧无高层建筑遮挡，强调围而不合的空间形态，视线开阔。城市界面通透开敞，呈现出对城市开放交融的空间形态。

建筑形态富含动感与力感，创造良好的城市景观，塔楼立面处理以格调高雅的米黄色为建筑基色，以经典稳重的新古典主义为立面设计风格，不追求新奇个性，立意于"城市经典"，商业形体则为多层次的形体穿插与咬接，大面积石材与玻璃幕墙，力求为龙岗新城居民带来成熟的商业氛围。

海上世界广场

设计单位：美国凯里森建筑设计事务所
设计团队：陈朝阳　金钊　周文　邓汉勇　李大伟
　　　　　　陈传　陈安鑫　卫文　李鹏　余甫
　　　　　　李淼　何海平　邓邦弘　浦至
项目地点：深圳市南山区蛇口海上世界
设计时间：2010年3月~2013年11月
竣工时间：2013年6月
用地面积：39482m^2
建筑面积：86740m^2
建筑高度：16m

奖项荣誉：

2014年度深圳市第十六届优秀工程勘察设计评选公共建筑一等奖

2014年度优秀工程勘察设计公建类二等奖

2015年度广东省优秀工程勘察设计工程设计三等奖

2015年度广东省优秀工程设计三等奖

海上世界广场是由邓小平同志题字的深圳文化地标，作为改革开放集体记忆场所，更新后成为深圳南山蛇口的标志性建筑。海上世界背山面海，是深圳西部集商业服务、休闲娱乐、服务式公寓和居住生活于一体且具有山海风情的滨海公共中心，是深圳市15km滨海休闲带的起点和精华。海上世界广场作为海上世界"明华轮"环船商业服务项目之一，目标是成为蛇口片区乃至南山、深圳市区市民旅游、休闲、购物等使用的舒适、宜人的商业项目。

海上世界广场分为三个部分：

船前广场位于"明华轮"及中心湖面的东北面，设计把码头的元素融入整个项目里面，以"波浪"为设计主题，在造型设计上充分体现蛇口的开拓精神和当地的海洋文化，与周边现有建筑、人文风格相协调，把岭南建筑上常见的木作、砖墙元素运用到商场的立面当中，重塑岭南文化。街区城市设计手法的运用，更进一步把景观中的庭、水、风、光等元素巧妙编织进建筑组团之中，在活跃的形体中透出亲切和清雅。

船尾广场位于"明华轮"及中心湖面的西面，各栋建筑以"明华轮"及中央湖面为景观视线焦点布局，利用各组建筑屋面、露台构建成层叠退台的步行休闲系统。组团建筑内设有公共使用的开敞连廊，各组团之间既相对独立，又通过各层连廊使其具有内在的联系，形成一条活跃的主题型步行街动线，有机联系各种组团式商业业态，形成街区空间连接都市空间，为魅力蛇口添一道靓丽的风景线。退台式商业设计手法，结合景观和商业，面向中央湖面，为商户保留了更多外摆空间，更保证每层平台均可观赏水秀奇观，充分让人们感受景观所带来的愉悦休闲氛围，在层叠的波浪和蜿蜒的小道，让人们置身探索之旅。

船后广场位于"明华轮"及中心湖面的东南面，建筑公共空间（商业动线）完全开放联系城市空间，融入蛇口街区肌理，实现高度的通达性、公众性。设计充分考虑蛇口的气候特征，吸收岭南建筑生态环境设计理念，结合项目的休闲氛围，注重建筑节能和室内外生态环境设计，利用建筑或技术手段解决自然通风、日照控制等问题，采用低能耗的先进设备营造宜人的小气候。建筑造型理念是以反映海洋文化的设计风格体现本区特有的人文和环境特点，"双鱼"建筑形态虚实对比，体量互相咬合，表现出"鱼跃欢腾"的动态；相互穿插的连廊动线空间，犹如律动的琴响，欢愉的体验感染着每一个到来的市民。

南海意库梦工场大厦

设计单位：广东省建筑设计研究院深圳分院
新加坡思邦建筑设计咨询有限公司

主创建筑师：吴彦斌　覃思鸣　朱江

设计团队：陈朝阳　周文　吴彦斌　覃思鸣　朱江
段琪峰　黄海滨　王锐东　涂颖贞　温泉
江静兰

工程地点：深圳市南山区蛇口太子路一栋、兴华路以西

设计时间：2012年7月～2014年10月

竣工时间：2015年12月

建筑面积：113741.86m²

建筑高度：99.5m

奖项荣誉：
深圳市第十七届优秀工程勘察设计评选建筑工程设计 一等奖
2017年度广东省优秀工程勘察设计公建类一等奖
2017年度全国优秀工程勘察设计优秀工程设计三等奖

项目由五个不规则形状建筑体及塔楼组成，运用架空连廊将五个建筑体与塔楼相连，形成各具特色的中庭、连廊、露台；裙房中间的"灯笼体"为整个商业点睛之处，使得中庭及露台区域生动立体，并且创造出极具特色的商业外摆区域；商业裙楼立面运用大量石材、铝板，拼接多为横向，泛光灯带结合不规则的建筑形体，创造出层次分明、形态多样、极具张力的生动立面，塔楼立面以玻璃幕墙为主，低楼层穿插运用石材点缀，与商业裙楼呼应，过渡流畅。建筑的外围护采用最新的系统和表皮材料，以一种更加现代的方式表述连续转变的屋面墙面形态，生动表现自然流动的特性。表皮的实体部分采用高品质的白色亚克力外墙材料，可加入LED背光，白色半透明及反光度加上LED的应用，使得整个建筑富于神秘感。建筑的半透明部分采用异形半透明彩釉玻璃附着在优雅的空间框架结构上，覆盖广场的同时为露台餐饮提供独特的采光介质。

深圳招商中环

设计单位：深圳市华汇设计有限公司
项目成员：肖 诚　牟中辉　张 霜
项目地点：深圳
业主：招商蛇口/中外运长航集团
建筑面积：约468000m²
设计时间：2015年

项目是招商蛇口与中国外运长航集团在深圳罗湖笋岗片区着力打造的一个里程碑式的城市更新示范项目,未来将成为一个由主题式体验商业街区、创意办公群落、超高层办公及公寓塔楼构成,功能高度复合的新一代城市综合体,形成全新的罗湖城市天际线。项目设计的灵感来源于对笋岗地区新旧城市状态的解读。基于对原有的场地氛围、自然环境与历史文脉的尊重,对原有场所特质进行转译是设计中恪守的方法论。对城市功能进行高密度整合,合理的动线梳理、多元业态的嵌入、城市公共空间的重构是设计最关注的价值点。对于此类城市更新类项目,设计必须谨慎且具有建设性,设计的目的是创造城市再生的源动力。

第3章 居住区与住宅

居住区与住宅综论（王晓东） /176

1- 深圳蛇口桃花园E、F区 /180

2- 深圳星航华府 /182

3- 深圳睿智华庭 /184

4- 深圳招商锦绣观澜 /186

5- 深圳深业·上城 /188

6- 深圳恒裕·滨城 /190

7- 东部华侨城海菲德小镇 /192

8- 深圳市东部华侨城天麓六区 /194

9- 深圳鸿威海怡湾畔 /196

10- 深圳金地上塘道花园 /197

11- 深圳卓越维港名苑 /197

12- 深圳信义御珑豪园 /198

13- 深圳大东城 /198

14- 深圳龙悦居四期 /199

15- 深圳鸿荣源尚峰花园 /199

16- 特发和平里花园一、二期 /200

17- 中粮天悦壹号 /202

18- 满京华·云著花园 /204

19- 中粮·凤凰里 /206

20- 深圳华侨城香山美墅 /208

21- 深圳万科金域华府 /209

22- 深圳半岛城邦花园（一期、三期、四期、五期） /210

23- 深业沙河世纪山谷 /212

24- 招商海上世界双玺花园（一、二期） /214

25- 地铁松岗车辆段上盖开发项目 /216

26- 地铁安托山停车场上盖开发项目 /218

27- 塘朗F地块开发项目 /219

28- 东城中心花园 /220

29- 深圳万科金色半山 /221

30- 振业峦山谷 /222

31- 中熙香山美林苑 /223

32- 润恒·都市茗荟花园（二期） /224

33- 香蜜湖宝能公馆 /226

34- 深圳德润荣君府 /227

居住区与住宅综论

· 王晓东 深圳华森建筑与工程设计顾问有限公司总建筑师,高级建筑师

近四十年的改革开放,让深圳从地图上的一个圈、不到 3 万人口的边陲小镇,发展成为一座拥有 1250 万常住人口的全国经济中心城市和国际化城市,成为中国四大一线城市之一,享有"设计之都""时尚之城""创客之城""志愿者之城"等美誉,创造了世界城市化、工业化、现代化史上的奇迹。作为城市形态的基本背景构成、城市建设的重要内容,住宅建筑设计与建造的思路与特色也在历史的潮流中不断蜕变、焕发光彩:从标准样式分配住房、宿舍楼到福利房、微利房,最后在商品化住房时代,完成从计划到市场、从单位筹建到专业开发、从基础诉求到个性品质、从稚嫩走向成熟和百花齐放的精专化。

深圳住宅建筑发展演变历史,可以概括为四个阶段。

一、建设萌芽时期(1980 ~ 1988 年)

特区成立初期,大量基建工程兵和建设工人进驻深圳,对住房的需求随即大增,掀起了一股住宅建设热潮,其时住宅建设主要由政府主导,单位自行建设并分配,因此以经济适用为首要,对设计多样化和形象风格没有要求,因此整体设计没有特色,风格单一,平面布置基本参考国家"七五"标准,住宅区规划景观概念或缺,基本采用行列式均布,这个阶段的主要住宅项目有鹿丹村、园岭、通心岭等。但作为改革开放的前沿城市,深圳迅速从贴邻的香港汲取经验,开始了自己的创新发展之路。1984 年,白沙岭住宅小区作为全国第一座高层住宅小区出现在深圳。项目整体布局以绽放的菊花为基本构图,点线结合,摒弃了行列式的惯用手法;在建筑平面设计中,外挂式通廊和内部跃层的手法被广泛模仿,以至于成为一段时期深圳住宅建筑的特色,也引起国内各地的广泛关注。这一时期由于海砂的获取相对容易,而人们对海砂特性及其对建筑使用寿命的影响认识不够,未能采取有效处置手段,部分使用海砂作为建材的项目在后续使用中出现了墙体开裂、钢筋腐蚀现象,也成为这一时期建设的经验和教训。

二、迅速发展时期(1988 ~ 1997 年)

这一时期的起点以 1987 年 9 月 8 日深圳市政府以协商议标形式出让有偿使用的第一块国有土地为标志,中国土地使用制度由此进入有偿使用时代。制度的改变也让政府在出让土地的建设中身份从主导转变成管理,由多元开发主体

主导的住宅项目建设开始呈现多样化发展取向,"商品房"如南油钜建大厦开始出现。以"商品"定义的住宅建筑,开发和设计较以往对购买者的需求投入了更多的关注,从而推动了住宅建设理念的更新和建造水平的提升,居住环境、公共空间的营造要求也得到了更多的重视,室外公共开发空间、活动场地、景观轴概念等开始出现在新建项目中。在类型上,鲸山别墅、龟山别墅的落成拓宽了人们对高档居住建筑的认知,也让开发、设计对不同档次的建筑类型的景观资源、环境空间营造有了新的理解。随着深圳城市的迅速发展,经济效益提升的要求,建设密度从多层、小高层向高层发展,容积率逐步增加到 2.0,建设用地也从关内密集开发向关外发展。建筑平面设计更加丰富,如华侨城海景花园的蝶形平面,荟芳园的十字平面等,作为对住宅户型和组合平面作了具有开拓性的探索,也成为这一时期深圳高层建筑的平面特征。在设计手法上,住宅设计从经济实用向舒适宽敞转变,从大卧室小厅堂的模式向大厅堂小卧室转变。凸窗设计的出现拓展了居室空间的使用方式,万科城市花园中出现的人车分流理念和华森设计提出的空中花园和底层架空手法得到了广泛认同并运用至今。在建筑造型装饰上,开始出现多样化的创新,初期盔顶造型、半六角形的窗户配茶色玻璃设计手法出现并形成影响;蛇口渔村山花顶装饰设计形成一种特色;而后吸收南欧建筑形式,形成独特的折衷"欧陆风",形成较大范围的影响,并成为时代特征。

三、百花齐放时期(1997 ~ 2005 年)

深圳的高速发展和高密度建设孕育了大量本地设计机构,日渐提升的品质要求和高标准定位也吸引了不少境外设计机构的注意。特别是 1997 年香港回归后,大批香港、驻香港境外设计机构进入深圳市场,为设计行业注入了新鲜血液,特殊类型和重大项目的国际竞标也为深圳引入了国际化创新设计理念,触发了与本土设计思想的碰撞和融合,产生了多样化的发酵和深远影响。就住宅建筑类型而言,开发企业从设计机构引入资深设计师打造自己的产品研发团队,项目开发的多要素系统性理论也逐渐成熟,这一时期的项目开发中,"差异化"是一个关键词,为了凸显差异,开发类型、销售对象、产品定位、风格元素、概念主题各种标新立异,项目团队也形成了开发、策划、营销、设计、景观、室内等多种细分专业化团队(机构),因而住宅项目建设整体水平得到长足提升。以人为本的设计理念成为贯穿规划到单体设计的基本原则,均好性观念对总体规划布局产生了重要影响,总平面的美不再使用建筑形体简单粗暴的拼凑图案。这个阶段是住宅建筑百花齐放的时期,设计风格非常多样化,有部分项目策划从全世界范围内采集著名民居、小镇经典样板,参考或移植到深圳的住区建设中,可称之为"世界之窗"现象,建筑形式从折衷欧陆风转向风格化、具体化,如讲着"意大利小镇"故事的华侨城波托菲诺，吸收北美三段式风格的港丽豪园，用体量穿插和明快的色彩体现现代风格的建筑如阳光棕榈园，也有注重对本土文化和地域文化的探索，将西方建筑的设计手法与中国传统建筑手法相结合的项目如万科第五园等，各异化的尝试极大地提升了住宅建筑的品位与特色。随着项目开发的蓬勃发展，关内的土地资源紧张，住宅建筑市场进一步向关外发展。容积率进入3.0时代，同时超高层住宅项目开始增加；中心区旧城改造成为选项（如京基100）等。新思路、新手法、新高度再次让深圳站在国内同行业的前列，再加上这一阶段如波托菲诺、四季花城、阳光棕榈园、百仕达系列等优质楼盘的示范效应，深圳的住宅建设俨然成为全国住宅建筑设计潮流的先锋之一，更有"中国地产全国样板房"的美誉。

四、新时期（2005年至今）

这一时期称为新时期，是因为整体呈现了多方向深入发展态势，难以用一词概括之。大致来说有四化：中心区域豪宅化、人才安居保障化、旧城改造理性化、建造手段科技化。2006年末，深圳市人口密度超过广州人口密度三倍，此时关内已经少有土地可供开发了。2010年，深圳撤关，龙岗、宝安和光明新区纳入特区，新区项目开发成为住宅建设主角，建筑容积率也继续增大，中心区域的用地价值水涨船高，新项目呈现超高层化、豪宅化。如蛇口双玺花园、宝安壹方玖誉、华侨城香山里花园等，大户型、高标准、高售价。商品房过高的房价显然不利于人才的引入和安定，因此，2016年深圳人才安居集团揭牌成立。按政府计划，"十三五"期间，深圳市将建设和筹集保障性住房及人才安居房40万套。其中，人才安居房30万套，相当于特区建立以来政策性住房的总和，为深圳"人才高地"提供有力的保障。用地的紧缺让旧城改造被更多地关注，旧改初期基本都是大拆大建，全部推倒重来，工改公，工改住。近年来大家逐渐开始反思，尝试发掘老房子的价值。如果说大芬油画村是自然聚落发展的，那么观澜版画村、甘坑客家小镇等就是主动尝试的主题式旧城改造尝试了。万科在和玉田村合作时提出城中村"综合整治＋运营"新模式，随后提出了"城中村综合整治＋物值引进和管理＋城市化商业运营"运作模式的"万村计划"，旧城改造有了新的思路。随着我国的工业化、城镇化快速发展，群众生活质量包括建筑使用水平要得到明显改善，另一方面我国人多地少、资源紧缺，资源环境综合承载能力有限，因此，建筑建设和消费模式的改变成为必要，装配式建造手段从上而下地推动发展。最早引入、研究并在项目中使用相关技术的是深圳万科，深圳也是最早统筹和制定相关发展策略的城市之一，目前深圳已建立了成熟的装配式建筑"深圳模式"，出台了政策性、支持性、奖励性措施，培育了大量相关产业链的装配式建筑产业基地，科技化建造手段势必对深圳住宅建设形成深远的影响。

深圳改革开放近四十年，住宅建设也蓬勃发展了近四十年，深圳的住宅建筑从没有特色到如今走在前沿，设计从满足温饱要求到越来越人性化、健康化和科技化，可持续发展观念深入人心。每个时代都有新的挑战，同时也会激发出新的创意，深圳，"设计之都"，一切皆有可能！

深圳蛇口桃花园 E、F 区

设计单位：深圳华森建筑与工程设计顾问有限公司
主创设计师：郭智敏　曾耀松
　　建筑：王　瑜　梁　倩　周　慧　刘益云　郭志峰
　　　　　蒋　敏　刘欢欢　芮楚媚
　　结构：练贤荣　张治国　高　博　陈东亮
　　机电：李仁兵　马　骏　王　静　焦　波
　　总图：同　山
项目地点：深圳
设计时间：2011～2014 年
竣工时间：2016 年
用地面积：68000m²

建筑面积：170000m²
建筑高度：100m

获奖情况：
　　深圳市第十七届优秀工程勘察设计住宅建筑一等奖
　　2017 年广东省优秀工程勘察设计二等奖
　　2017 年全国优秀工程勘察设计住宅与住宅小区三等奖

建筑创新点：
　　全点式布局，户型标准化，平台式花园、车库。

第 3 章 居住区与住宅

深圳星航华府

设计单位：深圳华森建筑与工程设计顾问有限公司
主创设计师：曾耀松　郭智敏　李　舒
设计团队：

　　建筑：蒋　敏　杨　磊　刘欢欢　刘益云　周　慧
　　　　　芮楚媚　李　欣　郭志峰　吕　飞　袁　佺
　　　　　陈运腾
　　结构：练贤荣　杜　军　张民锐　郭凌波　刘　莹
　　　　　黄冬妮　刘双双　曾　巧　赵韶美
　　给排水：周克晶　刘　磊　林　琳　魏　璐
　　　　　　龚文飞　刘扬雨
　　暖通：李百公　陈晓铭　李　春　焦　波
　　电气：张立军　李嘉楠　冼可乐　马　骏　王增
　　　　　志　蒋　慧　梁耀源
　　总图：万　维　王　帆

项目地点：深圳
设计时间：2011～2016 年
竣工时间：2017 年
用地面积：42800m²
建筑面积：377500m²
建筑高度：98.85m

获奖情况：
　　深圳市第十七届优秀工程勘察设计二等奖
　　2017 年广东省优秀工程勘察设计三等奖

充分利用地块周边景观资源和城市的视线空间，户户观景，提升项目品质，降低开发风险；在遵循 90/70 的同时，以创新的户型及组合提供可持续发展的居住空间；重视项目在城市空间的昭示性，立面突显美好、温馨的形象；设计良好的商业界面，提供活跃的商业节点，提升商业价值。

深圳睿智华庭

设计单位：深圳华森建筑与工程设计顾问有限公司

设计团队

　　建筑：曾耀松　袁　佺　吕　飞

　　结构：王卫忠　张良平　武　芳

　　给排水：姚冠钰　周克晶　林　琳

　　暖通：李百公　张　艳

　　电气电讯：张立军　高　扬

　　项目经理：丛大永　闫　飞

　　设总：郭智敏　于　源

项目地点：深圳

设计时间：2009～2010年

建筑面积：96000m²

奖项荣誉：中国土木工程詹天佑住宅小区表彰奖

总体布局充分利用东南侧优质景观，高层住宅围绕地块北侧、西侧和南侧呈"U"形布局，将东侧完全开敞并尽量打开东南角，既充分向景观面展开，又呈环抱态势，利用地块南北方向较长的特点形成大纵深的半围合内庭园，沿地块边缘布置建筑并使其面向庭院，令区内绝大部分的住宅均能享受到内庭院和大运会的双重景观资源。

第 3 章 居住区与住宅

深圳招商锦绣观澜

设计单位：深圳华森建筑与工程设计顾问有限公司

设计团队

　　建筑：阮步能　张伟平　罗丽莲

　　结构：曹伟良

　　给排水：林　琳

　　暖通：曹　莉

　　电气电信：李　丛

　　总图：贾宗梁

　　项目经理：许　忻　张　亮

　　设总：谷再平　张伟平

设计时间：2011 年

项目地点：深圳

建筑面积：170000m²

获奖情况：广东省优秀工程勘察设计三等奖

项目为深圳市大型保障房项目，总建筑面积约为17万 m²，包括15万 m² 保障房、3000m² 商业、5000m² 公共配套。项目由7栋高层住宅、1栋3层幼儿园及裙房商业、公配组成。总户数为2330户，户型以65m² 两房和85m² 三房组成。高层住宅立面采用现代主义手法，通过黑白灰的颜色划分，强调形体的穿插与划分，醒目大气，易于识别。

深圳深业·上城

设计单位：筑博设计股份有限公司	项目地点：深圳
合作单位：嘉柏建筑师事务所	设计时间：2011年
设计团队：马镇炎　槐雅丽　张永峰　臧士凤　韦海鹏	用地面积：273711m²
程　飞　王　棣　高　峰　许　丰　周胜谦	建筑面积：25105m²
陈立民　程艳虹　何邱君　蒋兴林　张仕杰	建筑高度：200m
袁少宁　王家义　范成亮　马亚翔　莫耐议	
刘　奇　李嘉音　黄嘉振　李　军　陈德权	
包少斌　吴荣健　汪　清	

建筑创新点:

深业上城位于深圳福田中心北,原为赛格日立工业园区,由皇岗路、笋岗路与彩田路三条城市干道围合,地理位置优越。南北地块间拟建高架桥东西连通。项目定位于亚洲顶级城市综合体,集商务、商业和公寓功能于一体,将城市公园景观与国际大都会生活方式完美结合。

项目由东西两座塔楼组成。每栋塔楼分为高、低两座,两者在四十九层相连,设置配套设施。建筑一至三层为地上停车库,设置架空公共空间;四层为绿化休闲平台;五层以上为商务公寓。建筑立面采用简约的现代手法,强调材质和色彩变化,造型简洁大方,色彩清新明快。同时立面横竖线条遵循平面构成原则,进行有机接拼组合,形成丰富的光影变化。

深圳恒裕·滨城

设计单位：筑博设计股份有限公司	**项目地点**：深圳
设计团队：杨为众　杨　晋　刘喆喆　张　军　李振宇	**设计时间**：2012年
黄子丰　焦　践　邱安广　曹　黛　蓝素芬	**竣工时间**：2018年
许　丰　陈立民　庞飞龙　李小军　曹　刘	**用地面积**：35854m²
刘雅楠　晏　凌　邱东超　马银平　张永峰	**建筑面积**：259314m²
郑勇辉　陈尧堂　周祖寿　周小强　王鹍鹏	**建筑高度**：150m
郭宏伟　杭胜奎　刘　红　吕胜华　杨九申	
谢海泉	

建筑创新点：

项目位于深圳市南山区后海核心位置，南山区工业区路与后海滨海路交汇处，该区域东、南临深圳湾，北接南山区 RBD 中心，紧邻香港西部通道，是深圳湾口岸进入南山及福田的必经之地，是深圳又一个地标型滨海高尚住宅区。

东部华侨城海菲德小镇

设计单位：筑博设计股份有限公司

设计团队：赵宝森　董艺　万文辉　梁其波　许志坤　彭方　王贝　许丰　马艳龙

项目地点：深圳

竣工时间：2008 年

建筑面积：13070m²

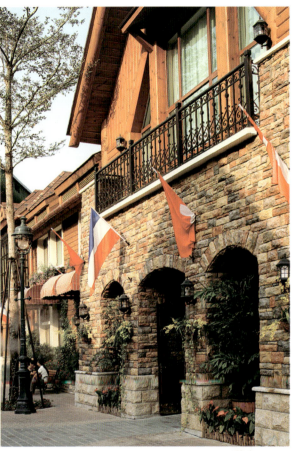

深圳市东部华侨城天麓六区

设计单位：筑博设计股份有限公司
设计团队：赵宝森　董艺　万文辉　梁其波　许志坤
　　　　　彭方　王贝　许丰　马艳龙
项目地点：深圳
竣工时间：2008 年
用地面积：123938m²
建筑面积：34000m²

奖项荣誉：
　　2011 年广东省注册建筑师协会优秀建筑创作佳作奖

项目位于深圳东部盐田区境内，风景秀丽的大鹏湾之滨，盐田港与小梅沙之间。筑博以"瑞士山水风情小镇"为主题，设计了功能多样的景点，如商业街区、湖畔别墅区、生态瀑布区、山顶休闲区、湖畔生态观光带，玫瑰广场等。同时结合东部华侨城内的山、湖、建筑、人文等元素，让住宅与生态旅游区融为一体。

项目的景观设计综合考虑空间序列、生态效益，以及如何营造瑞士小镇风情。三种界面，建筑结合水面布置，根据地势条件形成不同的亲水空间。建筑界面，对内形成亲切宜人的街巷空间；对外，连续的立面，局部高耸的塔楼，形成节奏跳跃、多层次的外部视觉形象。主体以外，营造出开放、灵活的自由空间，以最佳方式满足每个客户的独特身份和具体的需求。这造就了一个高质量的工作空间，给予使用者宽敞广阔的感觉，同时提供了360°欣赏城市景观的场所。

深圳鸿威海怡湾畔

设计单位：深圳机械院建筑设计有限公司

项目地点：深圳

项目时间：2008 年

用地面积：53000m²

建筑面积：170000m²

获奖情况：广东省优秀工程设计二等奖

深圳金地上塘道花园

设计单位：深圳机械院建筑设计有限公司
合作单位：维思平建筑设计咨询有限公司
项目地点：深圳
项目时间：2008 年
用地面积：53104m²
建筑面积：217428m²

深圳卓越维港名苑

设计单位：深圳机械院建筑设计有限公司
项目地点：深圳
项目时间：2008 年
用地面积：65000m²
建筑面积：190000m²

获奖情况：广东省优秀工程设计二等奖

深圳信义御珑豪园

设计单位：深圳机械院建筑设计有限公司

项目地点：深圳

项目时间：2017年

用地面积：73494.95m²

建筑面积：473110.58m²

建筑高度：122m

获奖情况：第三届深圳市建筑工程施工图编制质量铜奖

深圳大东城

设计单位：深圳机械院建筑设计有限公司

项目地点：深圳

项目时间：2011年

用地面积：100000m²

建筑面积：282200m²

深圳龙悦居四期

设计单位：深圳机械院建筑设计有限公司

项目地点：深圳

项目时间：2010 年

用地面积：77270m²

建筑面积：390036m²

获奖情况：深圳市优秀工程设计一等奖

深圳鸿荣源尚峰花园

设计单位：深圳机械院建筑设计有限公司

项目地点：深圳

项目时间：2012 年

用地面积：57011.41m²

建筑面积：267739m²

获奖情况：深圳市优秀工程设计二等奖

特发和平里花园一、二期

设计单位：中外建工程设计与顾问有限公司深圳分公司
设计团队：徐金荣　赵星　张勇　马骏　巴勇　罗欢　黄彩燕等
项目地点：深圳
开发单位：深圳市特发集团有限公司
用地面积：11.45 万 m²
建筑面积：67.64 万 m²
设计时间：2010~2012 年

获奖情况：
2014 年深圳市第十六届优秀工程勘察设计住宅建筑二等奖（一期）
2014 年第二届深圳市建筑工程优秀施工图住宅项目银奖（二期）
2014 年第二届深圳市建筑工程优秀施工图结构专业奖（二期）
2015 年新楼盘美居奖年度最美风格楼盘（一、二期）
2016 年世界华人建筑师协会居住建筑优秀奖（一、二期）
2016 年第十七届深圳市优秀工程勘察设计住宅建筑二等奖（二期）
2017 年广东省优秀工程勘察设计住宅建筑三等奖（二期）

中粮天悦壹号

设计单位：美国开朴建筑设计顾问（深圳）有限公司
深圳艺洲建筑工程设计有限公司
方案设计团队：蔡 明　韩嘉为　张伟峰　陈 坤
施工图设计团队：方 巍　刘北平　罗庆忠　刘汉元
　　　　　　　　　刘锡辉　张全祯　倪达峰　丁 帆
　　　　　　　　　赵金行　杨跃许
项目地点：深圳市宝安区
设计时间：2013 年
建成时间：2018 年
总用地面积：26396.8m²
总建筑面积：218097m²
地上计容建筑面积：168490m²
容积率：6.39
建筑高度：150m
建筑密度：45%

项目属于高容积率、高密度、公建配套多的旧改更新项目。西侧新圳河和沿岸的20m公共绿化带是主要的外部景观空间，在规划设计中，通过S形的建筑占位和巧妙的建筑转向设计，化解了基地南北向长、东西向宽度不足带来的建筑外向视野受限的影响，打造出流动的内外部空间，使小区的内外部景观相互渗透，让每栋建筑都具有良好的通透性和视觉通达性。

美式建筑风格，采用现代的手法还原古典的比例，"中粮红"等材质和色彩体现独特的现代气质，通过加强竖向线条和楼顶部退台式的处理突出超高层建筑的挺拔感，让建筑具备古典与现代的双重审美效果。

满京华·云著花园

设计单位：美国开朴建筑设计顾问（深圳）有限公司
深圳艺洲建筑工程设计有限公司
方案设计团队：蔡 明 韩嘉为 杨 浩 李 想
甘泽武
施工图设计团队：方 巍 曹小军 李雄平 钟检华
刘汉元 倪达峰 杨跃许 黄代珍
项目地点：深圳市宝安区
设计时间：2015 年
施工时间：2015 年

总用地面积：50533.93m^2
建筑占地面积：17934.60m^2
建筑面积：273684.82m^2
地上建筑面积（计容积率）：211560.68m^2
地下建筑面积（不计容积率）：62124.14m^2
建筑密度：35.49%
容积率：4.19
绿地率：35.67%
建筑高度：99.5m

项目是满京华国际艺展城的组成部分，与购物中心、艺术小镇、高端公寓共同构成现代艺术社区的重要元素，因而实现居住文化的艺术品质提升是设计的关键。整体规划布局呈现半围合的格局，与东侧的艺术小镇实现空间上的呼应，并拉开建筑之间的视线通道，产生疏密有致的组群效果。造型符号凸显竖向线条的升华，纯白的色彩和金属材料的质感，将复杂的建筑形体还原为简洁有力的抽象构图，以此形成的错落感及雕塑性，赋予建筑硬朗的气质和艺术化的个性。

中粮·凤凰里

设计单位：美国开朴建筑设计顾问（深圳）有限公司
　　　　　　深圳艺洲建筑工程设计有限公司

方案设计团队：蔡 明　韩嘉为　杨 浩　熊 伟
　　　　　　　　杨林生

工程地点：深圳市宝安区

设计时间：2014年

建成时间：2017年

总用地面积：47595.44m²

建筑占地面积：14599.62m²

建筑面积：174603.23m²

地上建筑面积（计容积率）：135479.09m²

地下建筑面积（不计容积率）：39124.14m²

建筑密度：30.67%

容积率：2.85

绿地率：30%

建筑高度：87.2m

建筑创新点：

"中粮·凤凰里"通过准确的项目定位，在建筑规划、户型设计、产品硬件等方面走城市精品住宅路线，引领宝安中小户型豪宅化生活。在规划设计中，利用点板结合的方式形成两块用地的整体大围合布局，同时通过地下室顶板抬升及区间路上盖板，将南北两个地块联通，创造尺度巨大的小区内庭院空间，极大提升社区居住品质。立面设计采用现代风格，运用形体穿插手法，结合彩色面砖的使用，形成具有独特风格的立面造型，突出建筑挺拔感与时尚感，成为中粮集团在深圳宝安新的标杆项目。

深圳华侨城香山美墅

设计单位：深圳市华汇设计有限公司
项目成员：肖 诚 牟中辉 李志兴
项目地点：深圳
业主：深圳华侨城房地产有限公司
建筑面积：约 208100m²
建成时间：2015 年

奖项荣誉：
　　2016 第十一届金盘奖华南区域年度最佳别墅奖
　　2016 中国建筑学会建筑创作奖入围奖

项目位于深圳市华侨城西北片区，以别墅为空间主体，核心为合院别墅组团。项目构建于深圳华侨城 6km² 人文生态社区的平台之上，享有华侨城完善的配套设施及生态人文资源，也是深圳华汇设计继燕晗山居和 LOFT 公馆之后在深圳华侨城片区内打造的又一力作，在寸土寸金的深圳演绎了中式人文情怀与极致生活品质的完美结合。

深圳万科金域华府

设计单位：深圳市华汇设计有限公司
项目成员：肖 诚 牟中辉
项目地点：深圳
业主：深圳万科房地产有限公司
建筑面积：约 260000m²
建成时间：2008 年

奖项荣誉：

2009 第六届中国精锐科技建筑设计优秀奖

2011 世界华人建筑师协会设计奖

2016 中国建筑学会建筑创作奖银奖

2017 海峡两岸及香港、澳门建筑设计论坛及大奖专业组别住宅优异奖

项目地处深圳市梅林关附近，以复合型的整体空间形态，将高层住宅、合院别墅、联排别墅、公寓等多种产品进行有机组织，形成了丰富的产品序列和生动的社区空间体验。创新的产品设计是项目的最大亮点，也是实现较高容积率下低密度产品的舒适性和独立性的有效手法。高效的规划、创新合理的产品、公建化的建筑立面，使得开发商、消费者及城市界面三方的利益完美结合，并得到了市场的认可。

深圳半岛城邦花园（一期、三期、四期、五期）

设计单位：深圳市欧博工程设计顾问有限公司
项目地点：深圳南山区蛇口片区东角头
设计时间：2004~2015年
竣工时间：2007年（一期）、2018年（三期）

奖项荣誉：

第一届深圳建筑创作奖银奖
第三届深圳建筑创作奖二等奖
深圳市第十三届优秀勘察设计住宅建筑二等奖
2010年全国人居经典建筑规划方案竞赛综合大奖
第三届深圳市建筑工程优秀施工图评审住宅项目铜奖

主要经济技术指标

用地面积：50000m²（一期）、44481m²（三期）、59323 m²（四期）、33818m²（五期）
建筑面积：180000m²（一期）、194285m²（三期）、161715 m²（四期）、313000m²（五期）
容积率：2.69（一期）、4.37（三期）、2.73（四期）、6.04（五期）

项目北侧临山，三面临海，以对资源的充分利用，商业产品的创新开发，近海高品质生活氛围的营造，而成为海岸天际线的新坐标。

在海景资源利用上，延续城市脉络，拉升滨海天际线，拓宽多角度海景；在产品创新上，复合利用土地价值，梳理人文动线；在新生活方式的推动上，合理有效地组织车行流线，通过大板的设计使步行更为便捷，结合海岸线创造出宜人的景观。

商业建筑设计以8.4m×12m为模数，有效实现商业、餐厅、公寓等多种功能的转换，并通过立面个性化处理，形成丰富多样的商业体验。独特的街区性商业有效地诠释了隐贵阶层强调个性、态度、文化内涵、个人感受的消费追求，将成为片区乃至深圳市的标志性商业场所。

深业沙河世纪山谷

设计单位：深圳市华阳国际工程设计股份有限公司
主创建筑师：王 格　唐志华　马奕鸣　田雨凡　喻津津
方案设计团队：胡 睿　梁 艳　沈焕杰　高 琪
　　　　　　　梁万敏　廖亦培　林经纬
项目地点：深圳市南山区
设计时间：2015年至今
竣工时间：未竣工
用地面积：42143.43m^2
建筑面积：383104.00m^2

项目位于深圳市南山区华侨城片区，属于旧改项目中的高端豪宅物业。项目毗邻8万m^2高尔夫球场及深圳湾，拥有绝佳的景观资源。设计在有限的地块内协调多种功能建筑，由2栋250m地标型超高层住宅、1栋高端保障性住房，居住组团、地下商业及立体花园景观组成。在充分利用周边景观资源以及保证居住舒适性的同时，延续华侨城片区城市公共空间的生活氛围。

招商海上世界双玺花园（一、二期）

设计单位：深圳市华阳国际工程设计股份有限公司
合作设计单位：美国 SBA 建筑设计　柏涛建筑
主创建筑师：王　格　唐志华　吴素婷
设计团队：喻津津　陆金凤　邹刘慧　陈林华　罗铭恩
项目地点：深圳市南山区
设计时间：2011～2013 年
竣工时间：2017 年
用地面积：77253m²
总建筑面积：238270m²

项目荣誉：

　　第五届全国民营工程设计企业优秀工程设计华彩奖铜奖

　　第二届深圳市建筑工程施工图编制质量金奖、暖通专业奖

全新再造的海上世界在规划之初，就将蛇口半岛最南端的地块定位为顶级滨海高端建筑群、深圳城市豪宅新标杆。因而，双玺花园从 2011 年设计启动以来，就吸引了业界、媒体和广大市民的密切关注。

项目位于深圳南山区蛇口半岛的最南端，连接西侧的文化艺术中心。设计强调建筑与海上世界片区其他建筑、山海景观的对景与关联，充分利用地块独特的地域文化和生态环境，结合丰富的人文背景，在城市的便利之上，营造更为舒缓、高品质的生活方式，给予人们更多自在随心的归属感。

地铁松岗车辆段上盖开发项目

设计单位：深圳市市政设计研究院有限公司
深圳市华阳国际工程设计股份有限公司
项目地点：深圳
用地面积：392823 m²
建筑面积：744150 m²
容积率：1.89

项目为地铁11号线上盖，位于深圳市宝安区松岗镇，项目用地南北长1177m，东西宽530m，东侧为朗碧路，南侧为松福大道及佘屋东路（规划道路），西、北侧为侨山路（规划道路），紧邻11号线终点站碧头站，项目配建政府保障房30万m²首期开始实施。

建筑创新：

利用地铁车辆段（工业建筑形态）屋顶并结合一定配比的周边用地进行综合开发，集约利用土地，美化城市景观；巧妙解决了上下车辆段屋顶的交通问题；建筑布局、结构、管线等一体化规划设计。

地铁安托山停车场上盖开发项目

设计单位：深圳市市政设计研究院有限公司
深圳市建筑设计研究总院有限公司
项目地点：深圳

项目为地铁 7 号线上盖，位于深圳市南山区深云东路以南、新业路以东、安托山公园以北，距离北侧地铁 7 号线深云村站约 800m，东侧地铁 2 号线深康站约 1.5km，南侧地铁 2 号线侨香站约 1.2km，具有非常优越的区位和交通优势。项目总用地面积为 23 万 m²，总建筑面积约 74 万 m²，包含人才房、商品房、商业、办公、公寓、九年一贯制学校（利用地铁 7 号线安托山停车场上盖布置体育运动场地）、幼儿园及公建配套等，将成为一个融居住、商业、教育、运动一体的高端综合社区。

塘朗 F 地块开发项目

设计单位：深圳市市政设计研究院有限公司
深圳市华阳国际工程设计股份有限公司
项目地点：深圳

项目为地铁 5 号线上盖，位于深圳市留仙大道塘朗段以南，南坪快速路塘朗山段以北，塘朗地铁站西南，西侧为九号路接南侧塘朗山隧道，交通环境便利。项目规划用地面积为 42788.51m²，总建筑面积 127710m²，其中住宅 110000m²（包含人才安居房 27500m²）、初中 12000m²（利用地铁塘朗车辆段上盖作为体育运动场地）、商业 3000m²、幼儿园 1880m²（独立占地 2000m²）、社区老人日间照料中心 600m²、物业管理用房 230m²，容积率 2.98，建筑密度 34%，绿化率 30%，停车位 1018 辆。住宅建筑限高 150m。

东城中心花园

设计单位：深圳市清华苑建筑与规划设计研究有限公司
主创建筑师：林彬海
设计团队：黄运强　邓　波　郭希瑗　刘　威　吴家坤
　　　　　　陈志兵　康笑梦　高屹立　潘北川　肖东燕
项目地点：深圳市横岗
用地面积：28690m²
建筑面积：198504m²

获奖荣誉：
深圳市第十六届优秀工程勘察设计住宅建筑一等奖
2015年广东省优秀工程设计二等奖

项目位于深圳市龙岗区横岗街道，南临深惠路，为横岗128工业区旧改项目的一期工程，楼盘名为"麟恒中心广场"。项目总用地28690m²，计容面积120704m²，总建筑面积198504m²，地下三层车库，商业裙房三~五层，部分包含三层架空车库，裙房顶为架空花园，住宅塔楼四座，商业有沃尔玛、保利影城等，是餐饮、购物、休闲一体化的城市综合体。与之相连的二期工程正在施工中，地块东北部有独立占地的十二班幼儿园一座。

设计立足于将整个横岗128工业区旧改作为一个整体规划，一期工程与二、三、四期有机联系。为了打破传统围合式小区规划，本案把住宅、商业、广场三大体系重新有机整合，创造了一个全新的、与城市共生的生活小区、商业中心及休闲娱乐生态小区，与城市互相促进、和谐的生活小区，力求打造横岗新中心。

深圳万科金色半山

设计单位：深圳市清华苑建筑与规划设计研究有限公司
主创建筑师：唐志华　黄瑞言
设计团队：刘　萍　曹　珂　杨　璐　贡　兵　唐海涛
　　　　　　楼建涛　左振渊　杨　华　周蓬勃　徐　平
　　　　　　吕少锋　张　明　詹展谋　姚京辉
项目地点：深圳市龙岗
用地面积：62472.14 m²
建筑面积：127534 m²
获奖荣誉：
　　第十六届深圳优秀工程勘察设计住宅建筑二等奖

　　万科金色半山花园项目位于深圳市布吉坂田片区，南面临近布龙公路，北面临近龙颈坳路，东面与龙景立交相邻，南面隔鸭麻窝路与布龙公路眺望鸡公山。

　　方案充分利用建设用地北高南低、西高东低的自然地形地貌，遵循点式板式结合、依坡就势的原则，使建筑融入自然环境，穿插渗透到错落有致的园林景观之中，营造出人与环境、建筑与自然、自然与人和谐共处的居住环境。

　　万科金色半山花园考虑了布吉片区的总体规划和市场竞争状况，创造了又一个万科精品社区。

振业峦山谷

设计单位：深圳市清华苑建筑与规划设计研究有限公司
主创建筑师：林炳新　徐金荣　凌　怡
设计团队：丘亦群　徐世洁　卢　达　杨茂华　邓永龙
　　　　　陈　聪　黄　斌　尹得强　李彦庭　黄瑞言
　　　　　贡　兵　左振渊　潘北川　张长海
项目地点：深圳市龙岗
用地面积：101566m²
建筑面积：333600m²

奖项荣誉：
　　第十七届深圳优秀工程勘察设计建筑工程设计一等奖

项目位于龙岗宝龙工业区以西，宝沙一路南侧。北侧为规划中学和居住小区，东、南、西边均为山体，植被保留完好。项目功能包括住宅、社区商业、幼儿园及相关配套。

项目整体布局紧凑合理，沿宝沙一路布置10栋双联点式及板式高层住宅，沿街布置1~3层商业裙楼，小区主入口位于宝沙路中间部位。南侧靠近山体处结合高差布置44栋多层住宅。

项目布局充分结合现状地形，将高层和多层独立分区，多层建筑布置于靠近山体的南侧，设计标高尽量与现状一致，有效减少土方的开挖。

适当扭转的角度使得沿街建筑拥有了最佳的山景朝向，同时也最大限度地避免了各栋间的视线干扰，保证了住宅的私密性要求。西南侧设置29层高层住宅，一定程度减少了对北侧住宅的影响，实现了景观价值的最大化。

中熙香山美林苑

设计单位：深圳市清华苑建筑与规划设计研究有限公司
主创建筑师：林彬海　谢　露
设计团队：黄运强　邓　波　郭希瑗　刘　威　钟衍敏
　　　　　　宋　磊　李青青　吴家坤　康笑梦　胡明红
　　　　　　潘北川
项目地点：深圳市南山
用地面积：14128m²
建筑面积：76311.4m²
获奖荣誉：
深圳市第十七届优秀工程勘察设计住宅建筑三等奖

项目本着人与建筑合二为一的设计理念，将人、建筑、环境三者紧密相连，整体规划布局力求自然、合理，塑造城市与山林融合的现代化居住区。在交通组织中，人车分流，简单明朗；建筑布局中，沿南面布置，充分利用基底南侧大南山的景观资源，与居住区内部花园相互呼应，充分考虑项目与周边现状建筑的关系，降低居住区内部塔楼的高度，使新建建筑与现有建筑形成良好的互动。

项目力求打造一个臻美的现代生态居住空间，结合简约时尚的建筑风格，形成极具时代气息而又浪漫舒适的居住小区。

润恒·都市茗荟花园（二期）

设计单位：深圳和华国际工程与设计有限公司
设计团队：
  项目总负责人：梁绿荫
  方案设计：陈楠　龚明　沈时吟
  施工图设计：黄继铭　史楚林　林碧懂　肖波
       罗刚　黄良华　张月民
项目地点：深圳
设计时间：2015年
建筑面积：203978.8m²
建筑高度：149.85m
结构类型：塔楼框支剪力墙结构，裙房和幼儿园采用框架结构，一级工程

本案定位为宝安中心区城市高端精品住宅，集商业、住宅及幼儿园于一体，为当地市民的生活、购物、商务、社交、休闲娱乐提供至尊体验。设计在商业街内部广场打造城市会客厅，是市民会客交际、休闲漫步的场所，也是集休闲、商务、娱乐、购物于一体的文化广场。住宅布局采用开敞的围合布局，通过严格的视线分析，确定建筑朝向，让每栋住宅获得最好朝向并能远眺前海湾，饱览无敌海景，户型设计强调获得最大的海景面宽，形成独特的滨海住宅风格。围合布局在裙房屋顶形成大尺度的中央屋顶花园，是住户日常休闲活动的场所。

香蜜湖宝能公馆

设计单位：深圳和华国际工程与设计有限公司
设计团队：
 项目总负责人：梁绿荫
 方案设计：陈　楠　郭潮水　龚　明　王绍箕
 施工图设计：黄继铭　史楚林　林碧懂　肖　波
      徐培基　罗　刚　黄良华
项目地点：深圳
设计时间：2013年
建筑面积：306755.0m^2
建筑高度：100m
结构类型：塔楼框架剪力墙结构，裙房框架结构
获奖情况：2015年全国人居经典建筑规划设计建筑金奖

项目概况：

项目位于深圳福田区香蜜湖传统豪宅区，定位为香蜜湖片区豪宅名片。作为典型的国际化高尚社区，宝能公馆以其十分迷人和纯正的国际建筑语言吸引了各界名流的目光。规划设计追求自然景观和人文景观的和谐并存，充分利用地块边界条件，建筑面向景观空间采用围合式布局，建筑围合的开敞庭院和外部景观形成递进的多层次景观形态。为满足不同类型住户的要求，本案提供了多样化的户型产品，户型考虑每一个家居生活细节，尝试多元生活空间的整合，通过大面积凸窗和景观阳台的设置，将社区景观资源渗透到细微生活的每一个层面。建筑立面上通过运用古典建筑设计语言来阐述现代古典生态生活的乐趣，错落有致的立面线条通过古典对称的构图原则有序设置，形成层次分明、极富变化的立面空间，同时配合窗户和外墙的分段处理，使建筑整体充满向上的张力，尽显现代都市风情。架空层采用底部架空处理一举多得，将景观延伸到建筑内部，丰富了建筑微环境，活跃了空间层次，同时提供底层作为休闲娱乐空间，是居民日常活动和邻里交流的绝佳场所。

深圳德润荣君府

设计单位：深圳和华国际工程与设计有限公司
设计团队：
  项目总负责人：梁绿荫
  方案设计：刘栩科 蒙琪君
  施工图设计：黄继铭 林碧懂 史楚林 肖波
       徐培基 罗刚 黄良华
项目地点：深圳
建筑面积：145254.24m²
建筑高度：118.950m
结构类型：塔楼框支剪力墙结构，裙房采用框架结构，一级工程

项目概况：

项目通过全方位分析研究和多种方案的比较，得出以下几个方面的构思理念：

1. 个性内敛的外观视觉

个性内敛而富有韵律感的外立面处理，体现了项目对品质的要求。

2. 内涵丰富多样的附加价值

加入露台花园、双层空间、台地园林、架空长廊等设计元素，以丰富的内涵提升社区的品位，实现附加价值的最大化。

3. 多元文化交融共享的社区环境

项目基地地理位置十分优越，但外部景观资源有限，布局上尽量做大面积的集中绿化，将建筑沿建筑退线布置，创造出丰富有个性的社区庭院，营造年轻的休闲城市生活气氛，提高项目档次。

第 4 章 医疗建筑

深圳医疗建筑综论（杨为众） /230

1- 深圳宝荷医院 /236
2- 深圳市吉华医院 /238
3- 深圳市第二儿童医院 /240
4- 深圳市宝安区人民医院 /242
5- 深圳龙华新区综合医院 /243
6- 深圳宝安幸福之家养老院 /244
7- 深圳西丽医院新住院大楼 /246
8- 香港大学深圳医院 /247
9- 深圳市第二人民医院内科综合大楼 /248
10- 北京大学深圳医院外科住院楼 /248
11- 深圳沙井人民医院（宝安第二医院集团总医院） /248
12- 深圳市人民医院内科住院大楼 /249
13- 深圳市儿童医院 /249
14- 深圳市妇儿医院妇产科住院大楼 /250
15- 深圳招商观颐之家蛇口颐养中心 /252

深圳医疗建筑综论

· 杨为众 筑博设计股份有限公司首席技术官 CTO

医疗建筑是社会文明进步的重要标志之一，它的发展与人民生活水平紧密相关，随着人民生活水平的不断提高，医疗服务体系的不断健全，医院的功能也不只是简单的"救死扶伤"。随着医疗科技和社会经济的高速发展，现代医学也开始从单纯的疾病诊疗向综合性的健康干预和健康管理转变，逐步形成了预防、医疗、康复、护理相协调的健康服务体系，而医学模式的发展必然导致和其紧密相关的医疗建筑的不断变化和发展。

深圳，中国的第一个经济特区，经过不到40年的高速发展，已经成为人口规模1250万、举世瞩目的现代化大都市。医疗健康服务从满足基本的疾病诊治到医疗健康体系不断完善，提供城市医疗健康服务的医疗建筑也经历了从初创到发展再到日趋成熟的三大阶段。《深圳市卫生与健康"十三五"规划》更是提出了"打造健康深圳、构建医疗卫生高地、建设国际化医疗中心"的目标。医疗卫生事业迎来前所未有的发展机遇，也给医疗建筑设计带来了新的挑战。

经济体制、医学模式、技术革命的发展直接影响医疗建筑的发展：计划经济转向市场经济，医疗服务从供给型转向经营型；医学模式从生物医学转向生理—心理—社会医学；技术革命使工业社会步入信息社会。这三大变革对医院的功能结构、空间形态、运营模式等方面产生了巨大影响。深圳医疗建筑的发展也对应为三个典型阶段。

一、起步建设阶段

1980年代初深圳特区初创时期，随着大量创业人口的涌入，提供基本的医疗健康服务成为当务之急。在当地原有医疗资源基础上逐步发展改造升级是这一阶段的主要发展方式。如深圳市人民医院，1946年始建，前身系宝安县卫生院，新中国成立后更名为宝安县人民医院，为当时深圳经济特区唯一一家拥有住院部的医疗机构。1979年伴随深圳经济特区成立更名为深圳市人民医院，1994年被评为深圳首家三级甲等医院；深圳市第二人民医院始建于1979年，1996年创建为国家三级甲等医院，是深圳市首批两家"三甲"医院之一；北京大学深圳医院，创建于1999年，2000年深圳市政府与北京大学、香港科技大学签署合作协议，开创院校紧密合作办医的先河，2011年被评为三级甲等医院。

起步建设阶段医疗建筑建设主要有三种方式。

第一种以水平发展为主，从早期的分栋连廊式向更成熟的方式转变。如深圳

深圳市第二儿童医院

市人民医院，各功能分区的规模已有明显扩张，如门诊的分科越来越细，医技部分扩大和复杂化，功能平面组合和流线也趋向复杂：如双廊的运用，候诊、交通等枢纽空间面积的扩大，大厅面积和高度都有所增加，中庭也成为惯常的设计模式；建筑之间的连廊也已经不是单纯意义上的连接功能，已成为承担重要作用的复合空间；护理单元空间模式也从通风良好但护理路径较长的单走道类型演化变成多种平面类型。

第二种是分层叠加竖向发展的方式。即高层或多层的一栋式医院模式，将门诊、医技、住院上下重叠，形成一栋大型医疗建筑综合体，如深圳市儿童医院。相较第一种，能实现相对高效紧凑的流程模式，各部门联系紧密、流线简洁、省时增效，节约用地和管线。

第三种是高低层相结合双向发展形态。相对一栋式的布局，有更好的经济性和通风采光效果，如北京大学深圳医院。这种模式提供了更好的环境空间和灵活性，并能兼顾在核心城区用地局促的问题。

这个阶段的医疗建筑，主要还是满足基本功能需求，提供较好的医疗就诊服务。社会经济发展和人口增长带来了医疗服务需求的快速增长，新一轮的医疗建筑建设即将来临。

二、快速发展阶段

从党的"十六大"召开，到"十一五""十二五"期间，深圳的医疗卫生建筑进入一个快速发展期，三甲医院从3家增加至10家，医疗服务能力不断提升，"看

中国医学科学院肿瘤医院深圳分院（深圳宝荷医院）

病难，看病贵"得到缓解。2014年12月，深圳市政府决定实施以引进和培育名医（名科）、举办名医院、聚集名诊所为重点的"医疗卫生三名工程"，吸引一流医学人才和团队，支持高水平医院发展，全面提升深圳经济特区医疗卫生质量，开启了打造国际医疗中心、推进现代化国际化先进城市建设新方向。这一系列举措促使这一时期崭新的医疗建筑出现，包含了既有医院的改扩建和城市人口规模扩张后急需的新建医院。其中具有代表性的是香港大学深圳医院、中国医学科学院肿瘤医院深圳分院（深圳宝荷医院）、南方医科大学深圳医院、深圳市人民医院改扩建等。

世纪之交的深圳医院建筑，正经历着经济体制、医学模式和技术革命的三大变革。医院建设在规模扩张的同时，更关注工作效率、环境品质和资源分布的优化与提升。这个时期的医疗建筑在满足功能需求的同时，更多地在人性化、灵活性、信息化方面发展，注重营造以人为本、科学管理、建筑关怀人的医疗环境，建筑空间和形象也有飞跃式的成长，形成了一些富有特点的新建筑形态。

第一种是新陈代谢的渐次更新。在原有整体布局上通过改扩建而逐步实现医

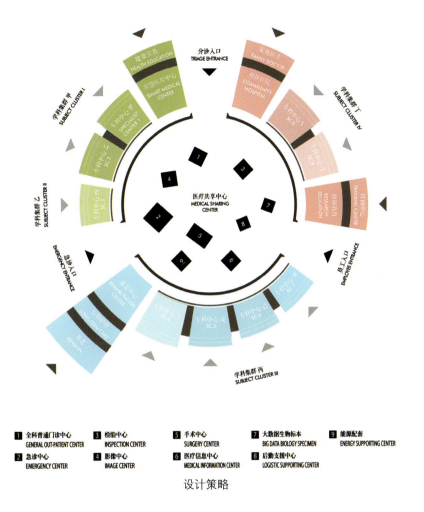

设计策略

院的更新。这样的更新是对既有流程和空间的提升,需要总体平衡院区整体功能构成、流程衔接、交通梳理、新旧重组、环境改善。这类医院大多位于城市核心区,更要关注城市的交通和环境影响,以及与城市的良性接驳,并借助城市更新提升医院服务质量。例如北京大学深圳医院改扩建、深圳市人民医院改扩建、福田中心医院改扩建。

第二种是引入医院街空间形态和模块化设计。医院街通过广场(共享中庭)、街道(门诊街、医技街)、巷(医院通道、患者通道)将复杂的功能空间组织起来,形成主次分明、脉络清楚的树状交通体系。结合模块化设计思路,形成一套全新的兼顾环境、效率、灵活性的医疗建筑规划体系。这一形态营造了具备亲切感的环境空间,适应了医疗模式从生物医学向生理—心理—社会医学转变的需求,从心理层次缓解病患压力。模块化设计方式提供了医院规划、建造到运营的全面灵活性,为应对快速发展的医疗资源、医疗政策、管理变更提供基本条件。其中的代表项目如香港大学深圳医院、中国医学科学院肿瘤医院深圳分院(深圳宝荷医院)等。

计划经济时期信奉的"形式服从功能"医院建筑设计理念，在这个时期渐趋多元。"形式服从服务""形式服从市场"等多元理念让这个时期的医疗建设更加丰满。

三、日趋成熟阶段

"十八大"以来深圳市的经济转型基本成功，财政收入可持续增长，为卫生与健康事业的发展提供了有力的财力保障。城市开放包容、环境优美、宜居宜业，每年有大批医疗专家来深圳工作、居住，生命健康产业和信息技术产业国内领先，具有发展现代医疗服务业的优势。同时，深圳地处粤港澳大湾区和海上丝绸之路战略要冲，医疗服务半径不仅可以覆盖整个华南区域，还可辐射东南亚市场。比较完善的市场经济及制度优势，有利于推进健康深圳建设，打造医疗高地，建设国际化医疗中心。

在此大背景下，新一轮的医疗建筑建设高潮徐徐展开，三级综合医院、区域医疗中心及专科医院均衡布局建设。新兴学科和边缘学科的突破，让医院设备走向自动化，智能化程度日益增强。医疗建筑的发展体现了高度综合化和专业化并举的趋势，一方面向规模化、复合化、复杂化方向发展，另一方面向专业化、系统化、个性化方向发展，出现了多元化的医疗建筑类型，较为典型的有以下三类：

一是大规模、高技术、高度集中的大型区域医疗中心。大型区域医疗中心是多学科群的共享合作平台，集中了区域性的医疗资源，更具效率、更专业、更有竞争力，是区域内的医学、科研、教育中心，是集诊断中心、手术治疗中心、急

深圳市吉华医院

诊急救中心、科研教学中心于一体的医疗中心。此类医疗建筑的设计有别于常规医院，多为集合多专业中心或学科中心，共享医技及教学科研平台的医疗建筑集群，或是全民医疗健康服务一体化的医疗综合体。其中的典型项目如深圳市吉华医院、深圳市新华医院、深圳市南山区人民医院等。

二是人性化的中小型专科医院。面对多元化的医疗需求，采取灵活化的专门化方法，提供更精准的服务及更可控的经营管理策略，具有较大的灵活性，适应竞争性的医疗服务需求，如孙逸仙心血管医院、太子湾国际医院等。

三是主动式的医疗大健康服务中心。民众对医疗服务的认知和需求已不局限于生病时的求医，而更加重视健康的生活行为与方式，既重视肌体健康也重视心理健康，更加侧重疾病预防。此类医疗建筑大多小型化或附属于其他公共建筑，或附属于社区，提供健康体检、健康宣讲、疾病防治、老龄照料等服务，是贯彻"全周期保障人民健康"服务的重要环节。

医疗建筑展现了其更专业化、更多元化、更国际化的面貌。专业化的医院管理专家、专业化的医疗建筑设计团队、专业化的建设团队和运营团队，使得医疗建筑建设日臻完善，从追求表面的形式转向注重内涵的功能、从追求标志性建筑转向立体空间环境的协调、从医疗建筑单体设计到注重可持续性整体规划的研究，追求系统工程的整体性和智慧化，各方面都有质的提高。

医疗建筑作为提供医疗服务活动的复杂功能空间的有机组合体，敏感反映着时代和地区的医疗特征，并随着科学技术和社会经济的发展而处于动态变化中。展望未来深圳医疗建筑也许会呈现以下状态：一是医疗建筑形态高度集中化。集中化布局能充分利用土地价值，具备扩展的灵活性、规划上的合理性和建筑使用的高效性。现代化的建筑技术科学手段也为集中化布局提供了有力的保障，摆脱客观条件的束缚，在满足医疗卫生要求的前提下将各部门最高效地组织在一起，为运营和使用带来便利。二是医疗建筑管理核心科技化、智慧化。智慧化建筑技术、智慧化医院管理技术、医疗大数据和医疗科技，将决定未来医疗建筑的功能安排和规划，医疗建筑在空间上要有对应的长效性和灵活性。三是医疗建筑建设的可持续化。医疗建筑建成时的建筑形态，主要取决于设计建设时段的地区医疗需求、医学水平、运营机制、经济水平和建设标准等要素，而这些要素都将随时间的变化而发生变化。这就要求医疗建筑的建设具备系统化的建设模式，使医疗建筑具有较强的适应性、灵活性和可生长的能力。四是医疗建筑环境的人性化。通过空间秩序、功能色彩、室内外绿化、声光控制、装饰标识，为使用者带来适宜的视觉、听觉、触觉、嗅觉、味觉体验，达致从心理到生理的变化。

面对越来越多的挑战和机遇，相信为深圳医疗建筑服务的中外建筑师，将会在日趋专业的管理团队和建设团队的带领下，通过不懈努力和探索，共同将深圳医疗建筑推向国内一流、世界领先的新高度，为健康深圳、国际化医疗中心提供坚实的硬件基础。

深圳宝荷医院

设计单位：筑博设计股份有限公司

设计团队：杨为众　马镇炎　戴溢敏　贾　筠　周　杰
　　　　　孔春梅　秦聚根　毕岳菁　王凌飞　刘海军
　　　　　汤凯峰　温景波　周　平　李　强　辛斯乔
　　　　　赵祥礼　黄曙光　朱　旭　丁余作　范　宇
　　　　　袁少宁　潘少华　马艳龙　马亚翔　吴春丽
　　　　　周祖寿　密建平　周海彪　漆永星　成　欣
　　　　　张焕辉　汪　清

项目地点：深圳

设计时间：2008 年

用地面积：96403m²

建筑面积：134950m²

奖项荣誉：

　　2011 年度东莞市优秀建筑工程设计金奖

　　2015 年首届深圳建筑创作奖建成类铜奖

深圳宝荷医院，又称中国医学科学院肿瘤医院深圳分院，为深圳市 2008 年度重大项目，是第二十六届世界大学生夏季运动会深圳市政府督办项目。项目充分体现 21 世纪医疗事业现代化的风貌，体现时代特色、地区风格，形成与基地结合密切、医疗功能区块关系便捷的最佳方案。

"以人为本，以病人为中心"的设计理念，突出"环境－心理－生理"的现代医学模式的建筑创意及环境对人的心理感应作用。形成"环境－心理"的设计主题，使建筑满足技术与使用的要求，让医院各功能安全、有效、顺利地运行，使医院建立在一个合理的建筑系统上。这个系统应在满足医疗技术与工艺对空间要求的同时，满足包括病患与医护人员在内的使用者对舒适度的要求，并为医院今后的发展提供空间上的可行性。

深圳市吉华医院

设计单位：筑博设计股份有限公司	**奖项荣誉**：
设计团队：杨为众　周　杰　王　琦　毕岳菁　徐蓓蓓　武　琛　李　伟　张浩宇　唐　韬	2017 年中国医院建设奖全国十佳医院建设设计方案 2017 年第三届深圳建筑创作奖金奖 2017 年第三届深圳建筑创作奖未建成项目一等奖
项目地点：深圳	
设计时间：2015 年	
用地面积：100354m²	
建筑面积：169950m²	

建筑创新点：

深圳市吉华医院是深圳首家3000床规模的三级甲等综合医院，也是集医疗、科研、教学、预防保健等多功能于一身的超大型综合医院。项目预计将于2019年底建成，建成后将成为深圳市医疗中心，辐射整个华南区域。

概念的中心是"城市客厅"，它不仅加深了建筑与城市的联系，同时形成了中心辐射的网络化交通体系，实现基地内部交通疏导的分流；同时各功能体块围绕"城市客厅"进行环形布置，功能体块之间具有灵活性和可变性，以此来应对未来的不同变化；为了最大化利用城市景观资源，将多数病房布置在西南侧，并建立多样化绿色公共空间，全面打造一个开放、生态、可持续发展的绿色城市地标。

深圳市第二儿童医院

设计单位：筑博设计股份有限公司
设计团队：杨为众 周 杰 王 琦 刘昊斌 李 伟
　　　　　何江海 夏 翀 姚锐华 杨 建
合作单位：Nickl&Partner Architekten AG
项目地点：深圳
设计时间：2017 年
用地面积：40000m²
建筑面积：306000m²

奖项荣誉：
　　2017 年第三届深圳建筑创作奖金奖
　　2017 年第三届深圳建筑创作奖未建成项目一等奖

建筑创新点：

针对儿童医院专项设计，从人文角度出发，诠释了项目的设计策略：

儿童需要陪同——医院里儿童总是和家人在一起。儿童医院不是单独为病人设计的，而是为一家人而设计的。家人参与病人的日常陪护、接手日常的诸多事务，晚上也要住在医院里陪着生病的孩子，因此需要更多的空间。这听起来不是那么重要，但却是设计儿童医院的重点。不仅在病人的周围需要更多的空间，通过性空间、等候空间、交流空间以及娱乐空间也同样需要。

儿童不等于儿童——儿童这个词包括从新生儿到 18 岁的青少年。词汇具有概括性，但忽视了现实。事实上我们面对的是非常不同的病人群体。不同的年龄段对应着不同的儿童与家人的关系。在成长中的婴幼儿更需要家人的关怀，而长大一些的青少年更多地需要隐私。因此，儿童医院要十分灵活地适应家人团聚或者自己独处的需求。儿童医院要提供不同的房间类型和不同的开放度。

儿童需要日常生活——儿童相较成年人更需要来自于环境空间带来的安全感。医院不能代替家，建筑师也不能影响所有的医疗程序。但是，我们可以改变建筑的情感并提供轻松的环境。例如，规划清晰的易于理解的交通流线，避免迷路带来的害怕；避免长且平淡的走道；增加轻松的等待空间；提供视觉上的有趣的吸引；提供与外界联络的空间。建筑师正是立足于此，精心设计深圳将要新建的第二儿童医院。

深圳市宝安区人民医院

设计单位：香港华艺设计顾问（深圳）有限公司
项目地点：深圳市宝安区
设计时间：2017 年
用地面积：70000m²
建筑面积：661700m²
床位数：3500 床

深圳市宝安区人民医院扩建后总用地面积约 7 万 m²，建筑面积约 66.17 万 m²，是拥有 3500 个床位的区域医疗中心。设计以三个医疗组团与集中医技的规划布局，解决高密度、用地紧张、系统复杂的难题；以人车分流、立体交通为目的，有效缓解院区的交通拥堵问题；以绿色自然、人文关怀为愿景，提供舒适、环保、绿色的医院建筑氛围。深圳市宝安区人民医院建成后将成为国际化、智能化、环保绿色的新型医疗中心。

深圳龙华新区综合医院

设计单位：香港华艺设计顾问（深圳）有限公司
项目地点：深圳市龙华区
设计时间：2015 年
建筑面积：32400m²
床位数：1500 床

医疗流程设计：

方案将门急诊、医技、住院、办公科研、宿舍等功能块合理排布，并通过连廊和多台电梯形成一个立体的交通网使之有机相连。在步行入口和车行入口大厅中分别设有问询处和导诊台，每层设分层挂号收费处和预叫号系统，减少患者迂回往返的时间，使就诊更便捷；医疗庭院内设置了咖啡厅、健康阅读和花店等设施，使等候和就医变得更舒适；急救、手术、供应中心、检验、血库等通过垂直交通直接联系，并通过生命纽带高效连接，确保患者抢救的绿色通道。

设计原则：

以带分区，科学布局；以带相连；流线顺畅；以人为本，节能环保；以带成模，高效灵活。

深圳宝安幸福之家养老院

设计单位：深圳华森建筑与工程设计顾问有限公司

设计团队：

  方案主创：叶子藤　李云翔

  建筑：龙萧合　吴　迪　于名扬　张　杨　张惠峰
     王　瑜　刘　杰　龙萧合　符敏乐

  结构：项　兵　陈伟琦

  给排水：李仁兵　江建东

  暖通：李百公　曾文锋

  电气：高　扬　林本森　汤丽明

项目地点：深圳

设计时间：2015 年

竣工时间：2017 年

建筑面积：56200m²

项目用地位于宝安中心区，是深圳市第一个通过竞价拍卖方式获得的社会福利用地，地理位置优越，四向景观良好。

考虑到深圳未来养老发展需求的不确定性，房型设计采用了多重适应性的方式，充分预留适老设施及护理设施的加装空间，根据护理等级及使用要求可灵活进行室内空间的转换使用。养老项目的设计在无障碍设计及适老性设计方面提出了较大要求，因此，在每个使用空间尤其是公共空间的设计中，设计团队根据人体工学和老人行为学进行场景模拟和实验推算，保证为日后安装无障碍及适老设施提供足够的空间。

项目立面设计结合规划要求采用了滨海现代风格，整体生活场景轻松欢快。室内空间选用了较深的色调，与外立面浅色调的设计形成反差，避免给老人造成视觉疲劳感。此外，立面适度加进了一些暖色木质元素及绿化元素，让整体外观更具人文关怀。

深圳西丽医院新住院大楼

设计单位：深圳华森建筑与工程设计顾问有限公司
主创设计师：阮步能
设计团队：
  建筑：郭智敏　高　峰　白　洞　杨静宁
  结构：毛俊义
  给排水：周克晶
  暖通：李百公
  电气：马　骏
项目地点：深圳
设计时间：2009 年
竣工时间：2016 年
用地面积：24000m²
建筑面积：82300m²

建筑高度：79.49m

获奖情况：深圳市第十七届优秀工程勘察设计评选二等奖
     2017 年广东省优秀工程勘察设计评选三等奖

  建筑整体造型宛如一只弯起来的手,沿山体线性展开。对山体一面,争取最好的朝向和景观;对入口一面,围合出完整的广场空间。建筑造型因为局部的倒角而显得轻盈亲切,改变了传统医院呆板冰冷的印象。立面以横向线条构成,考虑到深圳夏季日照过强的气候特点,立面层板局部出挑,配合竖向铝合金穿孔金遮阳板,起到很好的遮阳效果。外墙材料采用白色铝板和双层中空镀膜玻璃,白色外墙有利于减少建筑外皮的吸热,双层中空镀膜玻璃则有利于减少空调能耗,达到环保节能的目的。

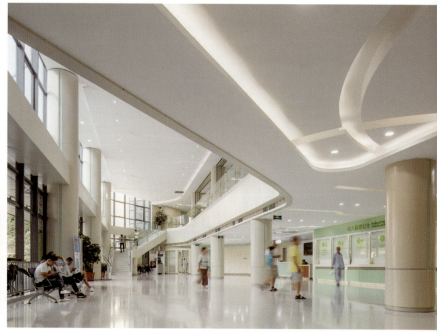

香港大学深圳医院

设计单位：深圳市建筑设计研究院有限公司
合作设计：美国 TRO 建筑工程设计公司
项目地点：深圳
设计时间：2007 年 3 月 ~ 2008 年 5 月
结构形式：钢筋混凝土框架结构
占地面积：192001.76 m²
建筑面积：298400 m²
建筑高度：30m

获奖情况：
　　2015 年度广东省优秀工程勘察设计奖公共建筑一等奖
　　2015 年全国优秀工程勘察设计奖建筑工程一等奖

深圳市第二人民医院内科综合大楼

设计单位：深圳机械院建筑设计有限公司

项目地点：深圳

项目时间：2012年

用地面积：13850m²

建筑面积：105940m²

获奖情况：全国工程建设项目优秀设计成果二等奖

北京大学深圳医院外科住院楼

设计单位：深圳机械院建筑设计有限公司

项目地点：深圳

项目时间：2009年

用地面积：8050m²

建筑面积：99556.36m²

获奖情况：中国机械工业优秀工程设计三等奖

深圳沙井人民医院（宝安第二医院集团总医院）

设计单位：深圳机械院建筑设计有限公司

项目地点：深圳

项目时间：2016年

用地面积：40600m²

建筑面积：363647m²

建筑高度：137m

深圳市人民医院内科住院大楼

设计单位：深圳机械院建筑设计有限公司
项目地点：深圳
项目时间：2012 年
用地面积：13850m²
建筑面积：105940m²

深圳市儿童医院

设计单位：深圳市市政设计研究院有限公司
项目地点：深圳
建筑面积：638 万 m²，其中医务楼 4.5 万 m²，地下 1 层，地上 12 层
项目时间：1997 年 10 月建成

深圳市妇儿医院妇产科住院大楼

设计单位：深圳市清华苑建筑与规划设计研究有限公司
主创建筑师：陈怡姝
设计团队：张维昭　马自强　赖镇华　熊　炜　郭景昆
　　　　　　吕永清　关柏岩　毛向民　李　雪　王伟华
　　　　　　石章杆　孙晓红　尹得强
项目地点：深圳福田
用地面积：14260.5m²
建筑面积：27021m²

获奖荣誉：
2011 年度全国优秀工程勘察设计行业建筑工程三等奖
首届全国医院建筑设计评选十佳奖

项目位于深圳市福田区红荔路与上步路交汇处，位置显要，交通便捷。其布局由"一"字形布局变化而来，继承其优点。交通空间东段放大，形成空中花园，呼应用地东侧绿化带，活跃建筑内部空间，有利于现代化医院新理念。南北一字型格局，为病人争取到最充足日照。平面组织简洁开敞，大大降低空调能耗，其中红荔路一侧阳台为病房遮挡了噪声。

深圳招商观颐之家蛇口颐养中心

设计单位：深圳艺洲建筑工程设计有限公司
合作单位：北京中合现代工程设计有限公司
主创设计师：曹小军　刘锡辉　黄代珍　陈　凯
　　　　　　倪达峰　杨跃许
项目地点：深圳市南山区
设计时间：2016年
施工时间：2016年

总用地面积：3421.05m²
建筑占地面积：809m²
总建筑面积：4738m²
地上建筑面积（计容积率）：4139m²
地下建筑面积（不计容积率）：269m²
建筑密度：28.9%
容积率：1.48
绿地率：30%
建筑高度：20.3m

项目位于深圳市南山区蛇口育才路，周边老旧住宅区较多。环境古朴安静，区位和配套适合打造为中高端养老机构。在设计过程中，通过各专业协调配合为老人营造温馨的生活环境。

建筑外立面高端大气，吸引视线。颐养中心大门入口即是大中庭，采光好，不会造成压抑的感觉。

项目为旧楼改造项目。原建筑层高较低，设备各专业之间的管线碰撞（桥架设于中庭连廊外沿，与精装设计相结合，达到隐蔽效果），与精装单位的配合，控制层高，采用中间凹槽的装饰顶棚面板，达到较好视觉效果。各处出入口过道的标高控制，满足了老人的通行需求。

采用先进的智能化系统，如 BAS 智能化系统及 BMS 集成系统等，方便管理，满足颐养中心日常及应急情况下的使用要求。

第5章 教育建筑

深圳教育建筑 40 年综论（林彬海）　/256

1- 北理莫斯科大学　/262
2- 中山大学深圳校区总体规划 & 一期工程建筑设计（Ⅱ标段）　/264
3- 深圳大学基础实验楼一期　/266
4- 深圳大学基础实验楼二期　/268
5- 北京大学深圳研究生分院　/270
6- 北京大学汇丰商学院　/272
7- 香港中文大学深圳校区　/273
8- 北京大学研究生深圳国际法学院教学楼　/274
9- 深圳大学师范学校附属坂田学校　/276
10- 深圳信息职业技术学院新校区　/278
11- 深圳南方科技大学　/280
12- 南方科技大学·书院　/282
13- 深圳南方科技大学二期（一标段）　/284
14- 明德学院（满京华校区）　/286
15- 深圳外国语学校龙华校区　/288
16- 鹭湖外国语小学　/290
17- 福民学校　/291
18- 福田外国语学校侨香校区　/292
19- 深圳市第二高级中学　/293
20- 深圳市中小学艺术教育基地　/293
21- 深圳市体育运动学校　/294
22- 深圳市第二外国语学校　/296

深圳教育建筑 40 年综论

· 林彬海　深圳市清华苑建筑与规划设计研究有限公司副总经理，高级工程师

深圳经济特区成立以来，经济与社会发展突飞猛进，从当年的小渔村发展成国际化大都市，创造了举世瞩目的经济奇迹。近年来人口急剧增加，城市规模不断扩大，对教育资源的需求更是与日俱增。深圳市把教育作为战略发展的重点，作出教育与经济同步发展的决策，在"文化立市"的总体方针指导下，不断加大对教育的投入，学校建筑在数量和质量上得到全面的提升，向人们展示了自身的风格和特色，已居国内领先水平，正努力向国际先进水平迈进。

一、深圳学校建筑发展历史

深圳的教育事业发展与深圳经济特区的发展一直保持同步，近 40 年间，深圳已成为全国教育强市，建立起学前教育、基础教育、成人教育、职业教育、特殊教育、社区教育等各类教育协调发展的大教育体系。学校的数量与规模也有了长足的发展，仅 2018 年深圳就将新增加 20 所中小学。深圳学校建筑的发展主要体现在基础教育建筑（中、小学）和高校建筑两个方面。

1. 深圳中小学建筑

深圳中小学建筑以城市总体规划为依据，以居住区规划发展需要为宗旨进行布点选址并确定学校的规模与发展计划。深圳中小学建筑从建市之初三十余所增加到目前遍布各区近千所，并且还有一大批正在加紧建设中，目前已建成了一批规划设计与建设标准较高的中小学校园,建设中的项目普遍达到了较高水平并预计有更多的精品建筑呈现。

从深圳1979年建市到20世纪90年代初期是中小学建筑发展的起步和发展阶段，由于城市经济还不够发达，建筑技术、设计思想落后，导致校园建筑千篇一律，缺乏鲜明的特点，与别的建筑类型相比，显得比较简陋，形象设计和细部设计欠缺，缺乏艺术性和文化内涵。从90年代中至今是深圳教育建筑的成熟阶段，深圳城市经济经历了快速的发展，城市社会各方面取得了世所瞩目的成就，中小学校园建筑在此背景下也随之改革，日趋成熟；教育改革日益深化——从应试教育转轨于素质教育及创新教育，中小学校园建筑呈现出强调空间与环境、重视个性化的特点；学校空间环境呈现生活化、人情化趋势；开始重视室内外环境与空间气氛对学生身心健康及情操形成的影响作用；造型、色彩及空间形式更加多样化。近年来深圳大量兴建中小学，全面提升学校建筑的品质和标准，5年内深圳各区将有178所中小学新建和改扩建完成。

鹭湖外国语小学占地12288m²，总建筑面积25173m²，共36个班，2019年投入使用。学校用地是一个小山包，与市政道路高差达30m，形状极不规则，给设计带来了严峻的挑战。实施方案充分地利用地形地貌，打破传统排排座的布局，形成G字形半围合空间，内院结合高差形成两个台地，操场抬高与教学楼第三层平齐，同时将风雨操场、食堂及音乐舞蹈室等功能置于操场下面，最大化利用土地并减少土方外运。屋顶从四层到七层通过斜屋面连接形成连续屋顶花园，达到立体化的绿化空间。

深圳外国语学校龙华校区是正在兴建的大规模高标准学校，分为60班九年一贯制公办部和54班十二年制国际部两个校区，总用地约6万m²，总建筑面积约14万m²，总学位4230个。建筑设计特色鲜明，与城市空间和山体紧密结合，大量的地下、半地下空间的有机利用，创造了立体多元的景观效果。

随着城市的发展，旧城区学位日趋紧张，近年深圳启动了多所学校的改建扩建，针对老校区用地紧张的情况，通过利用操场地下空间设置风雨操场等教学辅助用房，完善教学设施，宿舍、综合办公等功能向空中发展，同时设置地下车库满足校内需求并部分向社会开放以缓解城市车位不足的状况。

2018年深圳福田区创新发起"新校园行动"，首批对8所中小学及1所幼儿园的空间和建筑进行"脱胎换骨"，以回应个性化、多样化的教育改革需求，力求将人本教育、

开放教育、小班教学、终身学习、开放校园、绿色学校等精神贯彻到新校园设计中。"新校园行动"倡导的设计原则包括致力于以环境激发学习和交流；塑造可持续发展的绿色环境，将场所发展为师长、伙伴外的第三教师；呈现社区记忆，拓展地方历史；促进校园自治、开放和共享；强化灵活自助和多样性；建造安全舒适、真实自然的建筑。

2. 深圳高校建筑

深圳一直是高等教育的洼地，基础薄弱，与城市的地位和经济实力极不相称，目前有高校单位13所，不仅与同为一线城市的北京、上海、广州等相比差距巨大，与很多二线城市相比也远远落后，不仅数量，质量也难以令人满意。深圳的高校从无到有，经历了早期起步阶段、中期加强阶段和当前飞速发展阶段。早期起步以深圳大学的建设为代表。

深圳大学1983年成立，当年建校，当年招生，被邓小平同志称为"深圳速度"。深圳大学校园占地144hm^2，总建筑面积50多万 m^2，校园规划设计被建设部评为全国校园规划第一名，并被市民和专家评选为最能代表深圳发展历史的"深圳十大历史建筑"之一。

深圳大学的校园规划以园林化、花园式为原则，充分考虑气候和地形地理条件，创造了简洁朴实、轻松自由、富有张力、具有岭南特色的校园环境。校园整体规划分散建设，以集中式的行政教学中心为主体，学生区、教工区与实习工厂区分布校园的东、南、西三个区域，保留了中部原有地形地貌。规划结构以外环车行路结合各建筑群的消防通道，中轴线以步行广场链接顺应地形的校园道路，初步形成人车分流、以步行者为本、以教学为上的空间形态。校园处处绿树成林，繁花似锦，曲径通幽。规划打破了当时校园建设中的强中轴对称以行政办公为中心的经典格局。进入21世纪以来，为适应深圳成为区域性经济中心城市和园林式、花园式、现代化国际城市的发展要求，

深圳大学获得政府支持,在校区东南面新增校园用地面积二十余公顷,以满足多层次科研和教学的要求。规划将继续保留原有规划结构,重点建设东南轴线和新校区,改造原实习工厂区,使学校在更加现代化、高效率的同时,保留花园式、园林化的空间特色以及浓郁的岭南建筑风格。

深圳大学校园在单体建筑中尊重地形条件,充分考虑架空和错层、与原有地形有机衔接,同时充分考虑深圳的气候条件,大量采用深远的悬挑创造阴凉、通风、舒适的半室外空间。此外,深圳大学校园建筑集中体现文化内涵和创新实验性,图书馆、演会中心,建筑与土木工程学院教学楼,深圳大学科技楼等一批建筑都体现了先进的设计理念和思想,在学界广受赞誉。

2017年政府工作报告提出"推进世界一流大学和一流学科建设"。高等教育一直被视为深圳的"短板",为补齐"短板",深圳正在奋起直追。通过高起点筹建本土学校、引进知名高校并建深圳校区、中外高校合作兴办大学或特色学院等改革创新之举,深圳发力高等教育领域供给侧结构性改革,正在迎来跨越式发展。到2025年,深圳高校将达到20所左右,全日制在校生20万人,其中研究生超过4万人,参与国家世界一流学科、广东省高水平学科的竞争,成为南方重要的高等教育中心。新建高校包括南方科技大学、深圳技术大学、北理莫斯科大学、香港中文大学、清华—伯克利深圳学院及吉大昆士兰大学、武汉大学、中国人民大学、中山大学等,校园选址除了高校最密集的南山区外,还有在龙岗国际大学城、宝安区、龙华区、光明新区、大鹏新区等。

中山大学深圳校区是教育部直属综合性重点大学中山大学主体校园之一,定位为以医科和工科为主要办学特色并拥有综合性学科优势的大学校园,构建文理医工从本科到博士的完善人才培养体系。校区位于光明新区,总用地面积314hm^2,分两期建设,其中一期用地145hm^2,总建筑面积约135万m^2。

深圳校区规划灵活,规划布局将地块分为城市界面、组团界面和生态界面三种形

态。大学生活区顺应北高南低、东高西低台式地形，为保护生态，规划将西生活区一大片的荔枝林予以保留。校园的中轴线和建筑围绕的公共交点为校园的对外开放区域，礼堂、行政中心、交流中心分布在此，成为城市与学校的交流窗口。

深圳校区保留原中山大学的标志性建筑，内含多个人文景观，其中以中山大学牌坊、主校门、孙中山先生雕像、图书馆为标志性建筑物连成中轴线，与中山大学广州校区和石牌旧校区遥相呼应，体现"一脉相承"的设计理念。一期工程从当地的地理气候条件出发，建立了架空层，负责塑造承载学生日常活动的趣味空间：体育活动室、书吧、咖啡店、桌游吧、小型售卖吧、绿色休憩区。这些大大小小分布在各处的体验型和活力型空间，组成了半开放的微校园院落，创造了丰富多元的社交体验，满足了师生的文娱生活所需。

二、深圳学校建筑突出特点

深圳的学校建筑经过几十年的飞速发展进步，已初步形成了自己的风格和特色。

1. 营造场所精神

场所精神是人类记忆的一种物体化和空间化，也是对一个地方的认同感和归属感。深圳学校建筑场所精神主要体现在空间环境和活动场所两个方面，更尊重校园原有的地形地貌，创造垂直多层次的景观场所，对地面、垂直墙面和屋面进行开拓。例如深圳高级中学标志性钟楼作为学校的景观视觉焦点赋予场所强烈的空间特征；北理莫斯科大学主楼为中央哥特式塔楼，与莫斯科国立大学主楼遥相呼应，彰显俄式风情，是前广场建筑群的核心建筑，为整个空间场所定下了基调。

2. 城市设计手法的应用

深圳学校建筑普遍运用城市设计手法，使空间形成的生成超越一般意义上的功能、造型的实体过程，而建立在更为广义的综合环境模式之上，注重校园空间的可持续性、可达性、兼容性、识别性和开放空间的营造，这一点在深圳大学城建设和深圳大学校园规划中表现突出。

3. 体现南方地域特色

深圳地处亚热带丘陵地区，气候、地形对建筑的布局、空间和造型影响深远。深圳学校建筑重视采光、通风、遮阳、隔热的处理，建筑空间的连系多采用外廊式、架空式、室内外空间渗透的手法，并选择浅色作为基调，形象简洁、明快，既符合学校建筑个性，又能够满足地域性的要求。如深圳大学演会中心采用非对称开敞式布局，自然通风采光，质朴典雅，平易近人。

三、发展与展望

当前深圳正迎来中小学和高校建筑建设的高潮期，新的理念和设计手法，新材料、新技术的应用，将使深圳的学校建筑得到全面提升，更加绿色、智能，更加人情化和生活化，更好地与城市融合。

北理莫斯科大学

设计单位：香港华艺设计顾问（深圳）有限公司
项目地点：深圳
设计时间：2016 年
用地面积：333694m²
建筑面积：227150m²

近年来，深圳市加快建设高水平综合性大学，积极引进国内外一流高校来深办学，在中俄两国元首的见证下，深圳市政府与莫斯科大学、北京理工大学合作举办的深圳北理莫斯科大学应运而生。

大学选址地处大运新城西南部，紧邻龙口水库、大运公园及香港中文大学（深圳），距离大运中心 1.4km，距离龙岗区政府 5.8km，基地用地面积约 33.37hm²。

校园规划设计从地域特征、布局模式、空间格局、人文精神、绿色校园五个方面入手，融合中西文化特点，体现北理工与莫斯科大学办学理念和精神，创造可持续发展的生态、人文校园。

校园整体风貌不是要生硬刻板地还原莫斯科建筑的原貌，而是于历史积淀中萃取不朽建筑语汇，在延续经典的俄罗斯文化建筑体型的基础之上，结合南方的地域特点，用不同材质和化繁为简的设计手法，重新演绎莫斯科大学在南方落地发展的全新风貌。

中山大学深圳校区总体规划 & 一期工程建筑设计（Ⅱ标段）

设计单位：香港华艺设计顾问（深圳）有限公司

项目地点：深圳

设计时间：2016年

总用地面积：321hm²

  一期用地面积：150.82hm²

  一期建筑面积：1200000m²

中山大学深圳校区位于光明新区。项目总占地面积321hm^2，其中一期占地150.82hm^2；校园一期总建筑面积120万㎡，Ⅱ标段建筑面积45.3万㎡，涵盖工科组团、文理组团、公共教学楼实验楼、综合体育馆、大礼堂和行政服务中心等重要建筑群。

方案以"形神兼备，和而不同"为规划理念；尊重场地山水特色，利用轴线、院落营造具有中大精神的校园场所；思考网络时代大学教育模式的发展趋势，打破传统校园功能布局方式，以混合和共享的策略，创造复合社交型"自主学习空间"；按开放性分级重组校园功能，多义共享环是设计的亮点；建筑形式传承老中大的历史符号和红砖文脉，感受百年校园的沉淀和质感。

深圳大学基础实验楼一期

设计单位：香港华艺设计顾问（深圳）有限公司
项目地点：深圳
设计时间：2007 年
竣工时间：2014 年
用地面积：17221m²
建筑面积：57000m²

项目坐落于深圳大学南校区，是南校区西南片区实验楼组群的建筑之一。项目用地面积 17221m²，总建筑面积 57000m²。建筑高 10 层，地上为以实验为主兼行政办公的实验综合楼建筑，地下为车库兼战时人防。基地处于校园区的西南角部，用地形状呈现出明显的角部特征。

方案积极利用了角，建筑周边化布置获得最大化的内部景观空间，中央景观开敞通透；用地的景观体系向内打开，与校区的景观轴体系连续贯通，建筑主体能获得东南向、南向的优良朝向，以及良好的景观视角和通风效果；新建建筑与已有建筑形成完整连续的群体空间形态，使整个校区规划趋于完整；充分利用可用地，避免部分空间边缘化。

方案采用完形的塔楼与基座结合，尽量多地使用接近地面的低层区，这是功能分布、交通组织、空间交流的共同要求。采用大跨度体量，将两栋双子塔楼的角部空间连接起来，使建筑整体呈现出与丘陵地貌相似的起伏轮廓，创造与众不同的角部空间。在这一空间点上，巨大的门形是建筑本身的焦点，也是本地块的焦点，更是对南校区空间线索的尽端升华。这种三位一体的共焦点设计使建筑设计与整体规划有机结合起来。

深圳大学基础实验楼二期

设计单位：香港华艺设计顾问（深圳）有限公司
项目地点：深圳
设计时间：2006 年
竣工时间：2011 年
建筑面积：47000m²

深圳大学基础实验楼二期位于深大南校区，其设计体现了我们对大学的理解——大学是自我管理的学者社团。理想中的大学校园空间氛围是肃雅宁静、可激发人思考的、同时也是轻松自由、便于相互探讨交流的。

通过对基地周围城市及校园环境的整体分析，实验楼在总体布局上试图最大限度地利用基地周边的优势并避免劣势的影响，沿北、西、南三向的周边布局模式延续校园的景观轴线。围合的建筑群体体量朝东打开，将景观延伸进入建筑组团内部，不仅丰富了建筑组团内部的视觉空间，也使校园的景观主轴得到延展从而更加完整。围合的院落向不利朝向封闭，向主要人流经过的景观朝向开敞。每幢建筑都因此获得最大的景观展开面，具有良好的日照及通风。沿建筑标高不同的坡状屋顶及底层金工实验室的顶面布置坡状绿化。这些草坡不仅将金工实验室及重型机械实验室掩盖其下，避免在底层出现巨大的体量，同时将山水相宜的自然景观引入院落，延续了老校区依山起伏、外海内湖的生态景观，使师生们对此产生熟识感和亲近感。

由于学生的人数多，流量大，人员密集，因此将学生实验室布置在建筑的下部一到六层。教师行政办公部分则布置在建筑的上部七到九层，利用垂直分区合理安排人员密度。通过在三层的位置布置架空层，将人活动的层面提高到了三层的位置上，相当于将一个高层化解为一个多层。

北京大学深圳研究生分院

设计单位：香港华艺设计顾问（深圳）有限公司
项目地点：深圳
设计时间：2001 年
竣工时间：2003 年
用地面积：198800m²
建筑面积：93000m²

深圳大学城基地位于深圳市南山区东北部,紧邻野生动物园。北京大学园区位于整个校区的东北部,用地19.88万 m^2。

项目设计构思采用单元式链状集中布局,所有建筑被室外的通廊连接成为一个建筑群,具有相似的建造模式、拼接插接的连接方式;同时,综合考虑室内外空间的多样性与可变性,形成"信息长廊"的设计构思,强调开放共享,汇聚优势,促进各办学实体之间、大学与社会之间的交流。

项目总体上分为办公展览区、学术交流中心、各学科教学区、公共教学区、学生中心与宿舍区6个部分,形成了以中央步行通廊为联系主干,以各个功能区的建筑连廊为骨架,与自然水体、山体地形高度融合的多组团空间结构。同时,在教室间留出空间,将走廊多处放宽,形成融走道、停留交往平台、开放式中庭等元素于一体的模式,为师生们提供课间交流、活动、休息的场所,也可充分利用作为各种小型集体活动的空间。这种竖向、水平多处开敞贯通的空间结构也十分适合深圳本地的气候特征。

北京大学汇丰商学院

设计单位：香港华艺设计顾问（深圳）有限公司
项目地点：深圳
设计时间：2009 年
竣工时间：2011 年
建筑面积：56139m²

香港汇丰银行与北京大学于深圳大学城中心位置联合建成的北京大学汇丰商学院，建筑面积约 6 万 m²，是集办公、学术交流、全日制研究生教育、MBA、EMBA、EDP 总裁短期培训等功能于一体的国际知名商学院。

方案通过对学院"商界军校"核心特质的分析，以"简约的形体、干净的表皮"为思路，通过单纯方形斜切的手法勾勒出"漂浮的形体"，以"领袖的气质、精英的思维"为内涵创造灵动多样、内涵丰富的内庭交流空间，领航国内商校。

香港中文大学深圳校区

设计单位：中国建筑东北设计研究院有限公司深圳分公司
　　　　　许李严　嘉伯　王维仁建筑师事务所
主创建筑师：许李严　嘉伯　王维仁建筑师事务所
设计团队：任炳文　李曙光　张　强　郝　鹏　隋庆海
　　　　　王艳军　朱宝峰　于彦章　何延治　姜　军
　　　　　王晓光　曲　杰　李绍军　孙　晶　陈琦深
　　　　　李佳时　支　宇　梁　斌　许纯钢　尤　锐
　　　　　刘洪平　张　亮　骆菊香　刘少平　李存国
　　　　　王　超　刘　浩　陈锦涛　赵雪峥　惠　岗
　　　　　郭　鹏　姚　远　孙时昊　汪卫冉　董明东
　　　　　胡　甜　陶罗飞　胡　琦　杨离离　孙晓昊
　　　　　王琳琳　王继林　杨红军　马宏民　吕佳丽
项目地点：深圳
设计时间：2012～2015年
竣工时间：2017年
用地面积：500000m²
建筑面积：330000m²
建筑高度：24～56m

奖项荣誉：中国内地与香港、澳门三地建筑创作奖

校区分为上园和下园，整体规划将大部分师生的住宿设施安排在上园区，充分利用地块的幽闭性及优美景观。下园区则集中教学、行政及师生福利活动设施。下园区设计以"山、林、院"的空间组织理念出发点。

山

图书馆、书院宿舍与学生文娱设施等有序地散落在山坡上，和谐地与自然地貌融合，让山体的自然景观与校园中央的林荫中轴相连。

林

林荫中轴的大片连续绿地是下园最重要的校园空间，是整个规划的中心，它一方面将山体绿化带入校园内，另一方面也是校舍教学空间的延伸，提供不同性质的户外空间。

院

方案着重对当地自然生态的保育，上园区成为清幽恬静、绿意盎然的研究生研习聚落。上园因应既有地形，建筑物成群落状顺应山势分布。三间书院顺步行街依山势排布，形成饶具特色的"书院阶"。

北京大学研究生深圳国际法学院教学楼

设计单位：深圳华森建筑与工程设计顾问有限公司
合作单位：KPF 建筑事务所
设计团队：
  建筑：谷再平　张　晖　巫凯敏　尹　洁
  结构：曹伟良　王卫忠　黎宇杰　庞　涛　张晓波
  给排水：周克晶
  暖通：曹　莉
  电气：张立军　王鹍鹏　贺继飞

项目地点：深圳
设计时间：2011 年
竣工时间：2017 年
建筑面积：8900m²
获奖情况：

  2018 年度 MIPIM 大会荣获最受欢迎学校合作伙伴设计奖

建筑位于两个带状基地，设有集中式"研学阶梯"，鼓励跨楼层交流。外墙开口犹如门户，南列建筑则肩负屏风功能。其标示性特色就是大面积的开口，使人在室外就可见建筑退台式中庭。建筑功能齐全，包括了大中小型教室、研究室和行政设施、教职工办公室以及图书馆和开放式学习、休息区。北列外墙的围护结构可以起到遮阳作用，使之在深圳炎热潮湿的气候下仍能保留一定的透明度。

深圳大学师范学校附属坂田学校

设计单位：深圳华森建筑与工程设计顾问有限公司

设计团队：

  建筑：许文潇　文　睿　张　颖　胡文颖　王佳晨
     曾明理

  结构：陶　金　杜　军

  给排水：辛婷婷

  设备：张　伟

  电气、电信：李　丛

  总图：余　音

  项目经理：路　嘉

  设总：张　晖　白　威

项目地点：深圳

设计时间：2012～2014年

建筑面积：30000m²

获奖情况：深圳市第十六届优秀工程勘察设计园林景观一等奖

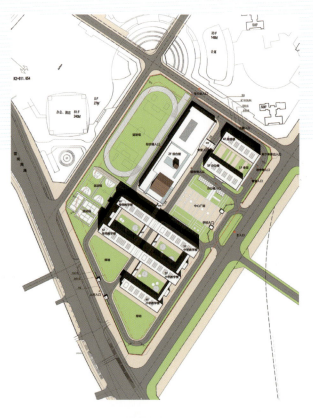

项目为位于深圳市龙岗区坂雪岗片区坂田街道的一所九年制义务学校，建筑规划定位为国家绿色二星。景观设计上将现代环境设计融入生态环境景观中，用"诗、书、礼、乐"划分学校的不同主题空间。以保证学生活动需求与安全为出发点，打造富有自然特色与富有教育、文化、综合性人文特色的校园景观。此外于屋顶花园中增设植物园的设计，以创造丰富课余生活的学校环境。

项目综合考虑基地环境、日照条件、动静分区、视线关系等多项因素，试图通过建筑体量之间的围合关系形成院落空间，营造一种轻松、自由、舒适的氛围。教学楼建筑采取"一"字型单廊平面形式，使每间教室都能得到良好的光照条件，同时也使建筑内部更加通透，利于自然通风。综合楼将报告厅、图书馆、体育馆一字排开，功能组织清晰明了。

深圳信息职业技术学院新校区

设计单位：悉地国际设计顾问（深圳）有限公司
项目地点：深圳市龙岗区
设计/竣工：2007年/2011年
建筑面积：117000m²

项目地处深圳市龙岗中心西南部，各建筑单体围绕保留荔枝林，形成围合的"大院落"，山景、水景与建筑互相渗透，各单体以"院"为类型，根据各自所处环境和功能形成轻松活泼的空间组织形态。这组新建的校园建筑群落试图寻找开放的院落与山水景观的种种联系，让自然风景成为造就莘莘学子健全人格的最好课堂，也将人与场所的体验关系变得格外丰富和有趣。

第 5 章 教育建筑

深圳南方科技大学

设计单位：筑博设计股份有限公司
设计团队：冯果川　钟乔　赵宝森　傅卓恒　梁其波
　　　　　　曹健　王芳　王延枝　伦剑　汤凯峰
　　　　　　石黄俊　蔡锦晨　关磊　吴荣健　资晓琦
　　　　　　谢波　张永峰　张婵娟　朱林海　李涛
　　　　　　姚晓鹏
项目地点：深圳
设计时间：2013年
用地面积：1979800m²
建筑面积：580000m²

奖项荣誉：
第三届深圳建筑创作奖建筑给水排水二等奖
深圳市第十五届优秀城乡规划设计三等奖
第十七届深圳市优秀工程勘察设计公建类二等奖
2017年广东省建筑给排水水专业二等奖
2017年全国优秀工程勘察优秀水系工程三等奖
第二届深圳市房屋建筑工程公建类施工图编制质量
铜奖

建筑创新点：

南方科技大学基于开放共享的理念，在校园与城市之间建立互动的联系，校园设计具有五大特色：去行政化、环境优先、书院制、水文化、资源共享。校园打破了传统校园的大轴线布局模式，根据大分散、小集中的原则，功能组团与自然渗透，结合地形地貌，对城市开放，与生态相融；校园组团通过水系组织一系列的开合变化的公共空间和水域节点，并统领整个校园空间结构，最终形成自然山水园林式校园。

行政楼：以亲切开放的姿态，简洁朴素的外层遮阳表皮，以绿色设计作为建筑设计的主要出发点，创造良好舒适的办公环境的同时，去除传统思维里行政楼庄严威武的形象，迎合南科大新教育机制中"去行政化"的主旨，提出我们在空间上的回应。

实验楼：学术办公、实验辅助以及实验空间的彻底分区，为实验室提供更专业的平台，公共交流空间的介入激发实验团队的创造灵感。

学生食堂：食堂除具有学校用餐场所这一传统功能的同时还需为学生提供一个休闲、放松的交流场所。因此，在组织食堂基本功能的同时，通过柱廊、半室外游憩空间和景观楼梯的立体化组织，创造一个适宜交往、富于变化的开放空间，并通过开敞空间与周边景观建立紧密联系。

游泳馆：以谦虚的态度让游泳馆与体育馆一起成为沟通山体和校园的媒介，运动与自然在这里得到充分的融合。

南方科技大学·书院

设计单位：中外建工程设计与顾问有限公司深圳分公司

合作单位：奥地利 Rpax 设计事务所

设 计 师：徐金荣 瑞 纳 皮耶克 熊 畅 余艳菊 徐 剑 姚建伟等

项目地点：深圳

用地面积：3.59 万 m²

建筑面积：3.35 万 m²

设计时间：2011 年

奖项荣誉：

2015 年获首届深圳创意设计七彩奖优秀奖

2016 年深圳市第十七届优秀工程勘察设计一等奖

2017 年广东省优秀工程勘察设计评选三等奖

深圳南方科技大学二期（一标段）

设计单位：RMJM Architecture Ltd.
　　　　　深圳市东大国际工程设计有限公司
建设地点：深圳市南山区西丽大学城
建筑面积：151167.80m²
建设情况：施工中
主要功能：实验室、教学、办公

项目设计从公共空间组织入手，重构校园学术主轴、人文景观轴，建筑界面与之齐平；公共教学楼、商学院"U型"布局，面向山体开口多层次景观利用，三四层设计空中连廊，功能互补利用；理学院采用"回"型布局，形成两个内部庭院，庭院与大沙河景观互相辉映，正对一号门入口处设置高层塔楼，作为校园南端制高点，丰富校园天际线，展现南科大校园形象。

立面造型简洁精致，个性突出，彰显时代感。

理学院

明德学院（满京华校区）

设计单位：深圳艺洲建筑工程设计有限公司
合作单位：广州源计划建筑事务所
主创设计师：方　巍　曹小军　张国辉
项目地点：深圳市大鹏新区
设计时间：2015年
施工时间：2016年
总用地面积：76947.6m²

建筑占地面积：15678.58m²
总建筑面积：47234.65m²
地上建筑面积（计容积率）：30112.66m²
建筑密度：20%
容积率：0.61
绿地率：35%
建筑高度：19.35m

建筑的更新介入并未破坏原有建筑结构，连接场地与生活的自然景观依旧保留，新的空间植入注重塑造多重内外空间逻辑，建立丰富的交往空间，使参观者不经意漫步于建筑的"新"与"旧"之间，空间的"内"与"外"之间、"艺术"与"自然"之间，尝试通过建筑的植入，带动行走中的思考，唤起对过往历史的记忆和想象，营造置身世外的独特城市空间体验。改造为城市更新与遗迹保育之间的完美平衡提供了参照样本。

深圳外国语学校龙华校区

设计单位：深圳市清华苑建筑与规划设计研究有限公司
主创建筑师：刘尔明　叶　佳
设计团队：杨　璐　方　远　徐　娟　黄金球　胡战平
　　　　　苏科先　周意平　古聪发　贾　昊　詹展谋
项目地点：深圳市龙华区

用地面积：59849.28m²
建筑面积：139966.74m²
奖项荣誉：第三届深圳建筑创作奖银奖

项目用地较为复杂，整体呈北低南高之势，北侧道路高程在82~83m，南侧最高点高程接近95m，场地最大高差达到10m余。在整体的规划布局中依循自然地势展开，将地形整理为不同标高的三个台地，北侧标高83m与城市道路相接；中部标高为88m，为校园的主要活动场地及运动场标高；南侧为92m标高，与玉龙公园相接，为学生活动区的主要标高。不同标高的衔接使得整个校园建筑群体现出错落的丰富形态，同时利用屋顶、架空、下沉空间等，在空间关系上营造出多样化的室外活动场所。

鹭湖外国语小学

设计单位：深圳市清华苑建筑与规划设计研究有限公司
主创建筑师：林彬海　谢露　李光辉
设计团队：刘威　黄运强　邓波　郭希瑗　李青青
　　　　　　宋磊　高志青　吴家坤　康笑梦　丘亦群
　　　　　　吴晖　左振渊　胡明红　潘北川
项目地点：深圳市龙华区
用地面积：12288m²
建筑面积：25173m²

学校场地是一个不规则梯形，西边、南边长，东边、北边短，东北边与居住区相邻。场地内部原为陡峭破碎山体，高差达30m。方案基于学校安全、土方量及周边环境的考虑，将地形依山势进行整理，保留山体意境同时设置不同高度的台地，将地形分成76m、80m、84m、88m四个平台。将运动场置于场地东部，让居住区与学校建筑间有一片开阔地，既让景观共享同时也阻隔了教学区的喧嚣。在地块西侧布置教学用房，并形成东南向的半围合庭院，同时，在南面结合学校主入口设置家长接送区，合理组织内部交通。总体规划尊重原有山形地势，保留山体意象，将学校打造成为一个高密度社区中的城市山林。

福民学校

设计单位：深圳市清华苑建筑与规划设计研究有限公司
主创建筑师：刘尔明　叶　佳
设计团队：杨　璐　徐　庆　颜才利　马　燕
项目地点：深圳市龙华新区
用地面积：32230m²
建筑面积：43322m²

项目位于深圳市龙华新区福民社区，西临华观快速，南接悦兴路，北接狮径路，用地东南侧紧邻狮径公园，规划建设为54班九年一贯制学校，其中小学36班，初中18班。

项目主要建设内容包括教学用房、教学辅助用房、办公用房、生活用房等。

将小学部和初中部分开布置，教学相对独立；将共用部分布置在用地中心位置，方便使用和共享；小学部位于用地东侧，自身围合中心庭院；初中部位于用地西侧，与共享部分围合出中心庭院；两个庭院既保持相对独立，又相互连通。

福田外国语学校侨香校区

设计单位：深圳市市政设计研究院有限公司

奖项荣誉：深圳市第十五届优秀工程公共建筑三等奖

项目位于安托山东南片区，为九年一贯制学校，是侨香经济适用住宅区的配套建设项目，总用地面积26253 m²，总建筑面积约3万m²，设置小学30个班、中学36个班、风雨操场、624人阶梯教室、教师宿舍及食堂。

深圳市第二高级中学

设计单位：深圳机械院建筑设计有限公司
项目地点：深圳
项目时间：2004 年

用地面积：108000m²
建筑面积：65000m²

奖项荣誉：中国机械工业优秀工程设计三等奖

深圳市中小学艺术教育基地

设计单位：深圳机械院建筑设计有限公司
项目地址：深圳
项目时间：2006 年

用地面积：11695.11m²
建筑面积：18445.2m²

奖项荣誉：中国机械工业优秀工程设计二等奖

深圳市体育运动学校

设计单位：深圳市华阳国际工程设计股份有限公司
项目地点：深圳市龙岗区大运新城
设计时间：2009 年
竣工时间：2011 年
用地面积：150825m²
总建筑面积：136900m²
主创建筑师：田晓秋　梁　琼
设计团队：

　　建筑：丁　宏　邓　龙　王建君　何乐培　王保林
　　结构：张学民　聂应新　徐　洪　张均洲
　　电气：绿　茵
　　暖通：倪晓明
　　给排水：黄锦梁
　　总图：李　勇

奖项荣誉：

2012 年深圳市第十五届优秀工程勘察设计三等奖
首届深圳市建筑工程优秀施工图评比项目质量奖银奖
2011 年广东省优秀工程勘察设计公建三等奖

体育运动学校的建筑形态设计以"流动的魔方"为主题，与大运新城"青春、活力"的概念相呼应。基于用地被城市道路分成两块的现状，设置了两条壮观的百米通廊，作为南北向的空间主轴，既把校园内的比赛场馆和综合训练大楼、后勤宿舍区各个功能部分紧密连接起来，保证交通往来的便捷与安全，又将新建建筑和改建建筑有机地整合。

改建建筑在保持原有建筑的基础上，通过体量穿插及丰富的材质变化，打造富有朝气的校园形象。建筑外部色彩以暖色为基调，穿插浅色的体块，通过遮阳百叶、挑檐等造型元素打造细节，淡雅大方又不失活泼。而新建建筑则通过简洁、明快的形体变化，突出"魔方"不断变化的主题。考虑到自然采光、通风及遮阳，设计提出"双层表皮"的概念，极具现代感的金属穿孔板与透明玻璃形成鲜明的对比，细腻的变化使建筑与大运中心"水晶石"形成自然的交融与对话。

深圳市第二外国语学院

设计单位：深圳市华阳国际工程设计股份有限公司
主创建筑师：梁 琼
设计团队：
  建筑：何梅兰 王 浩 高建华 王建君 何乐培
  结构：张学明 张 辉 邓 理 程志杰 孔令俊
     莫智耀 刘小辉
  电气：绿 茵
  暖通：李昱林 何 莹
  给排水：胡定成 刘小辉
  总图：闵 敏
项目地点：深圳市龙华新区
设计时间：2006年
竣工时间：2011年
用地面积：119171m²
建筑面积：70800m²

奖项荣誉：
  2012年深圳市第十五届优秀工程勘察设计二等奖
  2013年广东省优秀工程勘察设计三等奖

学校不仅是提供理论学习的空间，更是一个互动的场所。对于连续有序的空间、十字型轴线、立体化的互动场所和尺度亲切的人文环境的塑造，是本项目定位的新表述。校园布局重现了轴线精神。一个十字型轴线，打通了校园与城市、教学区与活动区之间的脉络。

为了使各功能部分之间相对独立，同时又有便捷的交通联系，整个校园规划坚持三角形布局方式，即教学实验区、后勤宿舍区、体育运动区这三个寄宿类校园中的基本功能区之间呈三角形布局，既节省了学生穿梭于不同功能区之间的时间，又很大程度地减少了不同功能区域人流的相互干扰与影响，整个校园空间连续有序。建筑作为校园活动的载体，提供更多充足、舒适、趣味的交流空间，是设计的本源和立场。

教学楼层中，大量的廊道、大台阶、屋顶平台、楼梯等建筑元素都被扩大成为公共活动平台，使整个活动场地立体化，便于学生在课间休息、游戏的同时，与集图书馆、综合报告厅、多功能教室等功能于一体的文化交流区联系便利。

第 6 章 高科技园区

深圳高新科技园区发展综论（庄葵） /300

1- 深圳创维石岩工业园二期 /304
2- 华大基因研发中心 /305
3- 深圳软件产业基地 /306
4- 深圳前海企业公馆 /307
5- 深圳龙岗启迪协信科技城 /308
6- 深圳神州数码总部基地 /309
7- 深圳市盐田大百汇 /310
8- 深业·泰然大厦 /312
9- 深南电路坪地厂区 /314
10- 海格零售物流中心 / 316
11- 深圳正奇未来城 /318
12- 深圳新一代信息产业园 /319
13- 深圳市易思博软件研发中心 /320

深圳高新科技园区发展综论

· 庄葵 悉地国际集团联席总裁，教授级高级工程师

引子：深圳园区发展大事记

- 1979 年蛇口工业区的建设拉开了深圳特区建设的序幕，轰轰烈烈的深圳奇迹从这里开始
- 20 世纪 80 年代华强北宝华大厦建设，意味着特区工业从来料加工为主逐步转化为引进高端电子技术
- 1985 年深圳科技工业园奠基，高新区兼具科研开发、科技成果孵化、产业化生产以及高等教育四大功能，是我国最早建设和开发的高新技术产业开发区，为高新区的发展奠定了良好的基础并作出了巨大的贡献
- 1999 年首届中国国际高新技术成果交易会在深圳举办，成为中国高新技术领域对外开放的重要窗口，深圳在推动高新技术成果商品化、产业化、国际化以及促进国家、地区间的经济技术交流与合作中发挥着越来越重要的作用
- 2017 年广深科技创新走廊提出，标志科技园的发展走向区域合作发展模式

科学技术作为推动社会发展的第一生产力，从 19 世纪末的工业革命开始便直接推动西方国家从农业社会向工业社会转型。伴随着产业结构与社会结构的巨大改变，CIAM 在《雅典宪章》中提出近代城市的设计准则，把城市功能分为居住、工业、交通、休憩四个功能分区，将工作与生活分隔设置，条块分割，泾渭分明。这种思想深刻影响了中国城市建设的基本格局。早期园区的建设，产业与工业仓库功能、运输设施相关，彼时的产业区布局以原料的获取、交通便利等条件运作，关注的是"物"与效率。以此模式为代表的土地政策，很长的时段里，产业用地不得包含居住、商业配套的设施，内部功能单一，空间单调且与周边城市关系缺乏联动，导致钟摆式人流，配套匮乏，餐饮只做一顿，"空城""睡城"等现象严重。尤其是上下班产生的潮汐人流，更是引发了空气污染、交通拥堵、人口膨胀、无序扩张等城市病。自上而下，单纯功能分区式设计仅仅服务于产业，"人"的需求得不到反映。深圳的园区发展过程有着极强的自我调整与更新能力，它遵循理性、克制、务实的原则，自下而上，从使用的需求出发打破固有惯性，打造混合、多元、自足、灵活的园区建筑，逐步从封闭、单一的设计向灵活、人本化与个性化、生态化与集约化等方面发展。产业空间与城市空间一体化，产业发展与城市发展相融合，这将是当代产业建筑开发的主要趋势。

一、高科技园区建筑的人本化趋势

"人是万物的尺度",人的体验是建筑重要的评价维度。高科技园区建筑的使用人群以科研工作者为主体,他们的工作特质理应成为建筑的起点:弹性的工作时间,高强度的工作状况,创新性的成果要求,这些都是园区建筑的重要评价指标。从形式上体现为配套齐备,功能复合,满足研发人员24h的工作生活需求;尊重步行,安全舒适,设置多维度的交往空间;重视绿化种植,强调人与自然的相处等。2009年竣工的联想大厦,通过标准的办公模块组合,东西两侧留出层层退台的空间,增加大量平层办公可达的自然露台区域,舒适的空间体验,可亲近自然的休憩空间,独特的建筑形态,完整、理性、逻辑严谨使得联想大厦在竣工十年后依然是科技园最独特和经典的建筑。

二、高科技园区建筑的高密度化趋势

深圳的发展面临几乎和世界上所有特大城市的共同问题:土地资源空间匮乏,城市必须向空中寻找发展空间——尤其在城市核心区,无论我们把它当成一种"生存的梦魇"还是拥抱这种"拥塞的文化",至少它依然是这块土地上——尤其是城市中心地段必须面临的事实。二维的平面方式已不再有效,取而代之的是一种跟人的行为相关联的更为有机渗透的三维城市主义思想:它拥有更多的"空间补偿"策略,地面向城市开放,公共空间空中发展结合多样功能,创造多个"零层"平面空间,结合绿化配置,弥补高密度环境的压力。即将全部投入使用的深圳湾生态科技城就是一个典型的案例,项目6.9的容积率,在控制高度与造价的前提下,倒逼设计提出"多重城市"的策略:设计定义了街巷广场层、网络花园层、空中庭院层,有效缓解高密度的城市压力,多层次的绿化配置,无处不在的交往空间,创造了高密度区宜人的园区环境。

三、高科技园区建筑的开放复合趋势

园区过去大多地处郊区,出于研发保密、安全和便于管理的需求大多进行封闭式管理。随着城市扩张,昔日的郊区已然成为城市中心,封闭的"孤岛"变成城市发展的阻碍,市民的安全性、街道的活力均受到不同程度的影响。2016年,中央城市工作会议文件发布,提倡建设开放社区。有了开放的城市才能更加包容,更富创造力,商业的、社会的、文化的发展,才能拥有源源不断的城市活力。产业园也借此机会走向城市,融入城市,与城市共同生长。2014年投入使用的深圳软件产业基地,正是这种开放园区的典范。该设计在高强度的城市开发区与公共绿地之间,设计了一个贯穿东西、距地10m两层的空中连接体,串联各标准办公塔楼，从而塑造出"三重界面"的立体城市空间。地面层在连接体的阴影之下遮挡阳光、暴雨，设置多样丰富的商业配套，营造南方连续开放有顶遮阳的街道生活，融入周边居住、生活片区。项目建成后承办了两届深圳的创客周活动，市民的日常生活、工作、娱乐丰富了场所的内涵，这里也成了周边居民平常休闲聚会的好去处。

四、高科技园区建筑的生态化趋势

近年来，随着可持续理念的深入人心，产业建筑的空间设计趋于生态化。当然今天大家讨论生态的语境更加理性，并不是为了生态而生态，而是更加关注投入产出，关注人的舒适体验。因此适用于本地的生态理念，被动的节能措施，从选址、规划、建设到运营都有着更为整体的统筹考量。2009年竣工的深圳建科院大楼无疑是这方面的典范。大楼融入了深圳市建科院多年实践中取得的研究成果，根据"本土、低耗、精细化"的绿色技术指导原则，采用"政策、市场、技术联动"的绿色技术体系，充实了中国特色绿色城市理论，探索出了有中国特色的低技绿色技术体系。

五、高科技园区建筑的个性化趋势

随着时代的发展，产业建筑除了满足基本的生产科研外，越来越多关注建筑的独特形象特性表达。当代的产业建筑不仅是一个企业生产的基本场所、人员交流互动的主要空间，更是企业文化及自我展示的重要窗口。新近落成的华大国家基因库坐落在大鹏深山里头，建筑集库区、研究、办公、展示、住宿于一体，体量顺应地形跌落，形成多重平台交往空间，成为独特的地景。人们在其间游走，借景造境，步移景异，忘乎其形，这是一个近乎完全向自然开放的建筑，嵌入山体的建筑消隐在山水之间。

六、结语

2015年，蛇口成为自贸区，除了路名以外，工业区的踪迹早已难觅，蛇口的街区尺度与多元混合特性已是中国开放街区典范；2017年，封路4年的华强北再度开街，30年前单一功能的厂区，如今除了拥有"中国电子第一街"美誉外，已是集科技、娱乐、购物于一身的城市综合街区、市民消费目的地。

假如我眯起眼睛，斜着头，闭上一只眼睛，望出窗外便是科技园1998年的景象：横平竖直的马路，单调行列式的低矮厂区，为荔枝林包裹零星建筑的深大园区，天气好也许视线一直能延伸至海边。撰写此文时，我就坐在科技园南区某办公楼我的办公室电脑桌前：窗外高楼林立，已几乎看不到深大校园，望海早已是奢望，倒是不如看看地面街角麻雀岭公园，透过树林，三三两两的人群在树荫下乘凉、遛狗、溜娃的场景来得生动真切。园区早已在多年的经营中，不知不觉融入城市，归还城市，回到市民的日常生活中来。

深圳创维石岩工业园二期

设计单位：香港华艺设计顾问（深圳）有限公司
项目地点：深圳
设计时间：2012年
竣工时间：2018年
占地面积：411164.53m^2
建筑面积：350000m^2

项目位于深圳宝安区石岩镇深圳创维科技工业园。园区总占地面积411164.53m^2，其中一期工程已建成使用，二期项目规划分科研、生产、生活三大功能区，总建筑面积35万m^2。园区集科研办公、生产厂房、宿舍、培训中心以及商业配套于一体。项目打破传统的规划模式，以清晰的规划结构、紧凑的功能布局，打造出高效共享的"都市型工业综合体"。引入"数字绿脉""企业绿洲"的设计理念，既有效整合创维工业园一、二期的功能，又能打造"具有生态工业旅游元素的后工业区"环境，塑造一个更具活力与开放性的新创维形象，同时也树立深圳新兴生态旅游工业区的典范。

华大基因研发中心

建筑 / 结构 / 机电设计：

悉地国际设计顾问（深圳）有限公司

项目地点：深圳市大鹏新区

设计 / 竣工：2012 年 / 2017 年

建筑面积：47000m²

设计希望借助自然的山水幽谷，为华大提供一个除了满足基因库基本功能外，具有生命外延的建筑。人们在其间游走感觉不到建筑的存在，因为建筑和地形密不可分，就像是从其中自然生长而成。建筑没有明确的界限，是一个近乎完全开放的场所。人们在这里遇见了山，遇见了水，遇见了生命的起源。

深圳软件产业基地

建筑 / 结构 / 机电设计：
悉地国际设计顾问（深圳）有限公司
项目地点： 深圳市南山区
设计 / 竣工： 2009 年 / 2014 年
建筑面积： 237000m²

项目位于深圳高新南区，是集研发办公、报告会展、工业生产及各种配套设施于一体的现代化高新科技产业园区。设计采用底层局部架空，把绿地还给公众，结合高低错落的小体量建筑形成尺度宜人的步行环境，东西方向通过开放空间串联起整体流动的公共空间体系。垂直空间上，不提倡尺度单一的空间形态，通过腾空翻转等操作，结合建筑功能在 25m 处和周边建筑裙房控制线，对应设置交往空间平台，形成多层次、尺度宜人的院落空间，辅以多层次的绿化包裹，把庭院带到使用者身边。

深圳前海企业公馆

设计单位：深圳市华汇设计有限公司
项目成员：肖 诚 凌 峥 王 静
施工图设计：深圳市建筑设计研究总院有限公司
施工图设计人员：梁立新 欧阳霞 王 丽 黄 芳
项目地点：深圳
业主：万科集团
建筑面积：约 60000m^2
建成时间：2015 年

奖项荣誉：
   2015 年度首届深圳建筑创作奖铜奖
   2015 年第十届金盘奖华南赛区产业地产类大奖
   2016 年深圳市第十七届优秀工程勘察设计评选（建筑工程设计）一等奖
   2017 年广东省优秀工程设计三等奖

项目位于深圳市前海合作区，作为前海未来的缩影和展示窗口，规划设计兼具逻辑性和丰富的肌理，力求形成前海片区新的城市文脉。为了营造开放包容的办公氛围，园区的步行系统分为"主街""次街""巷"三个等级，主街的尽头设置园区行人出入口，经由主街行人可到达次街，并通往各栋建筑入口。"巷"既是交通空间，也是休闲交往的场所。企业公馆多以 4 栋为一个群组的方式布局，主要平面形态以"H"形为主，建筑界面在街的十字路口保持风车型错动，使得各栋建筑的出入口在多个角度均能得到展示。公馆单体的层数以 3 层为主，采用 9m×9m 为主的大柱跨，满足了不同办公形态的需求，首层开敞的休息平台以及二三层的局部休息空间，都为人们的交流提供了便利。公馆建筑立面运用了不同的材料和建构方式，形成简洁大方又丰富的建筑表情。

深圳龙岗启迪协信科技城

设计单位：深圳市华汇设计有限公司
项目成员：肖 诚 郭元军 王 睿 叶君放 任园园 王洪书
项目地点：深圳
项目业主：深圳龙岗区启迪协信科技园发展有限公司
建筑面积：约 780000m²
设计时间：2016 年

奖项荣誉：2017 年度第三届深圳建筑创作奖三等奖

项目本身选址及规划条件可以同时提供密度和释放空间，期望在植入大量的活动设施及功能的同时，保留大片广阔的开放空间，通过城市绿廊与大运山公园、鹰咀山以及周边的城市公园形成"公园之城"。

深圳神州数码总部基地

设计单位：深圳市华汇设计有限公司
项目成员：肖 诚　牟中辉　任园园
项目地点：深圳
项目业主：神州数码集团股份有限公司
建筑面积：约 250565m²
设计时间：2018 年

通过深入解读神州数码集团企业文化，希望为其打造专属的国际创新中心。立足神州数码核心产业"云科技"理念，结合实际功能，通过对形体的均匀错动，使得塔楼形象与多层商业相呼应，形成项目整体协调的造型。并在立面上使用竖线条的宽窄变化以及错动，塑造项目的科技感以及未来感。将塔楼立面延伸至商业上方，进一步增强项目的整体性，形成类似棕榈树叶肌理的遮阳系统，迎合深圳的气候需求。

集商务、娱乐、文化、生态、活动于一体，通过多样性的空间串联分散的功能板块，将商务天地、社区客厅及理想公寓有机融合，打造丰富场所体验，实现一站式购物和办公、生活模式。

将深湾公园路"艺文大街"从用地东侧引入，形成口袋广场，沿二层空中步道，连接周边各地块，结合展览与舞台功能，作为工作和生活的市民交流场所，衍生出自身的项目文化。

深圳市盐田大百汇

设计单位：筑博设计股份有限公司
设计团队：杨为众　杨　晋　佘　赟　石黄俊　赵世军
　　　　　郑　帅　黄靖东　何思阳　王舒雯
景观合作单位：AECOM
项目地点：深圳
设计时间：2008 年
竣工时间：2013 年
用地面积：29609 m²
建筑面积：160000 m²

建筑创新点：

项目位于深圳市盐田区盐田港的西南端，东南面为深盐路主干道，西靠梧桐山国家森林公园，西望沙角湾，景观资源优异。项目不仅仅作为建筑来设计，更是作为城市公共空间来设计，期望在办公时间之外也能吸引公众。结合这种设计理念，以人为本，从规划布局、建筑形象、空间环境等多方面入手，将自然环境融入建筑之中，使自然拥有建筑品质，也赋予建筑以自然属性，从而完成两者的对话。

为了使建筑形态和山体完美结合，根据现有地形，将建筑体量逐级抬高，使建筑的每个面都能与山海产生视线及空间的互动。突破城市展示面较窄的局限，使园区环境与山体生态景观有机融合，同时避免视线相互干扰，达到最佳可视范围。

深业·泰然大厦

设计单位：筑博设计股份有限公司

设计团队：冯果川　Laura Belevica　刘标志　谢诗溶　厉建军　董长进　王庆勇　刘建平　柯一兵　唐炎潮　戴立新　张臻　陈浩　冯文　陈雅

工程地点：深圳

竣工时间：2013年

用地面积：24522m²

建筑面积：168558m²

奖项荣誉：

深圳市第十六届优秀工程勘察设计评选优秀公共及工业建筑设计一等奖

2015年度广东省优秀工程设计二等奖

2015年度全国优秀工程勘察设计行业奖建筑工程公建二等奖

2016年中国高层建筑城市人居奖荣誉奖

2016中国建筑学会建筑创作奖

建筑创新点：

项目位于深圳市福田区车公庙金谷小区，建设类型为工业建筑，建筑形体寓意"泰山"，西南角形体最高，依次向东北向跌落。裙房和塔楼浑然一体，使得建筑形成更为连续舒展的界面。独特的体量和连续舒展的界面都使得泰然大厦成为金谷小区中最闪亮的一颗明珠。大厦围绕内庭院界面，在不同标高设置了大量休憩与交流共享空间，并通过架空通道、扶梯、平台、连廊等连接，形成立体式的公共空间。同时设有很多屋顶花园、空中花园等共享空间，极大提高了空间的品质。

深南电路坪地厂区

设计单位：中外建工程设计与顾问有限公司深圳分公司

设 计 师：徐金荣　巴　勇　姚建伟等

项目地点：深圳

开发单位：深南电路有限公司

用地面积：10.98 万 m²

建筑面积：17.08 万 m²

设计时间：2007 年

海格零售物流中心

设计单位：美国开朴建筑设计顾问（深圳）有限公司
  深圳艺洲建筑工程设计有限公司
合作单位：深圳市迈丘景观规划设计有限公司
  深圳市博大建设集团有限公司
方案设计团队：蔡 明 韩嘉为 叶欣涛 朱锦豪
  王 阳
施工图设计团队：方 巍 李雄平 钟检华 刘锡辉
  丁 帆 黄代珍 赵金行 倪达峰
  杨跃许
设计时间：2015 年
施工时间：2016 年
工程地点：深圳市盐田区

总用地面积：21564m²
占地面积：7840m²
总建筑面积：83989.7m²
地上建筑面积（计容积率）：53910m²
地下建筑面积（不计容积率）：30079.97m²
建筑密度：36%
容积率：2.5
绿地率：22.62%
建筑高度：45m

项目位于深圳市盐田区保税区东部沿海高速路与明珠大道交汇处,西面毗邻新兴物流厂房,北面有良好的山景资源,东面及南面有良好的海景资源。为此,项目总体规划充分利用现有的交通道路,打造一个交通便捷、高环境品质的仓储建筑。主要功能包括仓储及相关配套设施,建筑主要包括一栋仓储建筑和一栋仓储配套楼。

主体建筑的平面呈"L"形布局,将场地分成东西两侧:西侧主要是货车场地,东侧及南侧形成景观良好的广场空间,利用建筑自身形成一动一静两个区域,很好地组织了人流及车流;南边结合景观及地下室设计下沉花园,同时建筑自身也形成了多种尺度的屋顶绿化空间。平面以规整的大柱网、核心筒靠边布局,使用效率高,也为仓储空间提供了良好的自然采光条件。

建筑立面划分与建筑内部使用功能空间划分结合设计,立面建筑造型设计具有时代感,通过立体构成设计和平面构成设计,使得建筑具备独特的性格,成为区域的标志性建筑。建筑体块之间创造的咬合和穿插关系使得建筑造型充满力量,具备强烈的视觉冲击力。平面构成方面力求均衡,使得建筑风格具有工业感、个性化。

深圳正奇未来城

设计单位：深圳机械院建筑设计有限公司

项目地点：深圳

项目时间：2018 年

用地面积：91596m²

建筑面积：881846m²

建筑高度：250m

获奖情况：深圳建筑创作奖金奖

深圳新一代信息产业园

设计单位：深圳机械院建筑设计有限公司

项目地点：深圳

项目时间：2012年

用地面积：38008m²

建筑面积：395259m²

建筑高度：150m

深圳市易思博软件研发中心

设计单位：童明教授工作室
深圳市东大国际工程设计有限公司
项目地点：深圳市滨海大道
建筑面积：67978.12m²
建筑高度：130m
建设情况：2016年竣工

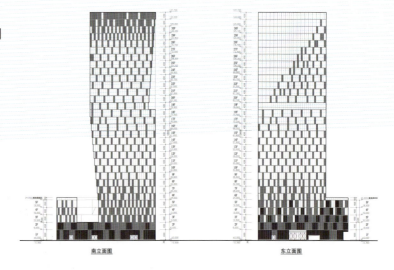

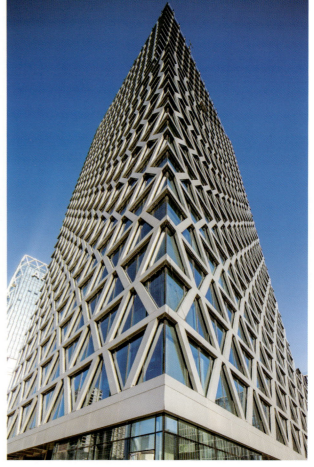

项目位于南山高新科技园区，与深圳湾遥相呼应，主体外轮廓做小角度偏转，更好地面向滨海海景，也为中层形成一空中平台花园。鳞片状外墙，不仅能减少光污染，还能调节微气候；底层大堂通过屋顶花园的层层退台天窗获得向上升腾的戏剧性空间效果。

在塔楼内设置多元化的公共空间：通高中庭门厅、员工俱乐部、屋顶花园、空中庭院等一系列公共空间设置，为建筑提供一个活跃轻松的新型研发办公环境。

第7章 交通建筑、会展中心与口岸建筑

深圳交通建筑、会展建筑与口岸建筑综论（刘战）/324

1- 深圳火车站 /330
2- 深圳文锦渡口岸旅检大楼 /331
3- 深圳国际会展中心 /332
4- 深圳国际会展中心配套项目休闲带 /334
5- 龙华现代有轨电车示范线工程站台建筑及人行天桥设计 /336
6- 深圳蛇口邮轮中心 /338
7- 莲塘口岸 /340
8- 深圳罗湖口岸／火车站地区综合改造工程 /341
9- 深圳地铁老街站换乘综合体及上盖物业 /342
10- 深圳市福田交通综合枢纽换乘中心 /343
11- 深圳市新城联检站 /343
12- 深圳会展中心 /344
13- 深圳市宝安国际机场 A、B 号航站楼 /346
14- 深圳市福田口岸联检楼 /347
15- 深圳宝安国际机场 T3 航站楼 /348
16- 深港西部通道口岸旅检大楼 /350
17- 深圳机场码头客运站 /351

深圳交通建筑、会展建筑与口岸建筑综论

·刘战　中国建筑东北设计研究院有限公司总建筑师，教授级高级工程师

深圳建立经济特区近40年来，随着经济的快速增长，城市规模的逐渐扩大以及人口的急剧增长，深圳已发展成为国内乃至国际最具活力的区域。深圳以经济运行机制的"示范"和"试验"作用，具有极大的吸引力和影响力，如今的深圳已成为一个集高效的综合交通枢纽、大规模的会展经济产业以及海陆空口岸为一体的国际性大都市。

一、交通建筑

交通是整个城市发展的命脉，城市机场作为交通设施的重要组成部分，起到了至关重要的作用。随着深圳与全国乃至世界各地往来的不断增加，深圳机场从无到有，从小到大见证着深圳的历史与发展，成为传播先进理念和先进经验的窗口。机场作为深圳与外部联系的最为重要的交通设施，其整体规划的合理性、航站楼设施的先进性以及可持续发展性将直接影响深圳的发展与未来。

1. 深圳机场的历史沿革

1984年3月，深圳开始进行机场建设可行性研究。1987年5月，国家批准立项深圳机场建设。1989年5月，深圳机场建设正式开工。1990年7月，航站楼正式动工。同年12月举行航站楼封顶仪式。1991年10月深圳宝安国际机场正式通航。通航以来，深圳机场航空客、货运业务持续保持快速增长。

随着原深圳宝安国际机场1号航站楼的使用，楼内各项设施系统开始老化，加上深圳城市的飞速发展，客流量猛增，原有建筑已经无法满足使用要求。中国民航总局、深圳市政府及深圳宝安国际机场决定改造和扩建原1号楼，1999年，深圳宝安国际机场A号航站楼落成。2004年，B号航站楼改扩建工程完工。2008年6月，深圳宝安国际机场南停机坪扩建完工，机场机位达82个。2011年7月，深圳机场长3800m、宽60m的第二跑道正式投入使用。

2012年8月，深圳机场新建T3航站楼站坪主体工程通过初步验收。

2013年11月，T3航站楼正式启用，A、B航站楼跑道正式关闭。

2016年，国家"十三五"规划纲要明确了深圳宝安国际机场国际航空枢纽的定位。深圳机场主动顺应航空出行大众化和"互联网+"的发展趋势，牢牢把握国家"一带一路"、自贸区建设、新一轮国企改革和深圳"两区三市"建设的战略机遇，充分发挥"特区＋湾区"叠加优势，通过实施安全与服务领先、国际化、一核多元和产城融合四大战略，全力推进"最具体验式机场"和"最具特色航空城"建设，使深圳机场成为立足珠三角、面向亚太、辐射全球的国际枢纽机场。

2. 深圳机场的建筑特点

航站楼是一种功能性为主的建筑类型，其设计首先要满足工艺流程，流程设计上要求主要流线简捷通畅、方便使用，以达到最佳的综合效益。同时航站楼又是公共建筑，因此在为旅客、工作人员提供一个舒适的候机、购物、餐饮、工作、休息、娱乐环境的同时，还要为机场当局创造良好的经济效益。

A、B号航站楼采用了大跨度钢结构作为建筑屋面体系，是国内较早应用大跨度钢结构的建筑之一。其屋盖结构采用的是当时世界上的新型结构技术——钢管屋架结构，该结构体系在国内首次使用。其特点是取消节点板，支管相贯切割后与主管焊接，整个屋盖钢结构由主架、撑架及位于柱顶的四叉型柱帽焊接构成。屋顶上根据大厅照度开设采光天窗，以达到节约能源和满足大厅内部采光的目的，整个屋面呈动感的弧形，外围护结构采用通透的玻璃幕墙，无论白天与夜晚都呈现出不同的视觉效果。

原1号航站楼投入使用已达十余年，楼内各项设施系统已经无法满足使用要求。2003年，中国民航总局、深圳市政府及深圳宝安国际机场决定改造和扩建原1号楼。A号航站楼则完成于20世纪90年代末，十年来，经济的发展，材料及技术的进步，人们的观念的提升等诸多因素使两个航站楼的外观反差极大，老航站楼的外观改造沿用了A号航站楼的外观设计，使两座航站楼从外观上形成了统一的建筑风格。老楼的改造在功能方面作了较大的调整，新增建了国际候机厅，新建了指廊和卫星厅，在不破坏原有结构的基础上增加了大厅的采光天窗，并对陆侧的交通进行了重组和改造。改扩建后的1号楼更名为B号楼，B号楼从里到外都给人一种耳目一新的感觉。

随着深圳经济的高速发展，客流量逐年递增，现有航站楼已远远不能满足使用的需求，2008年，深圳正式启动了T3航站楼的建设，2013年投入使用。T3航站楼内部面积45.1万m^2，外形呈"飞鱼"状，由双层表皮系统包裹覆盖，前部体量由玻璃幕墙围合，这两种元素组成了建筑主要的外部界面。建筑整体色调上，以白色的金属材质与花纹玻璃相间形成均匀的纹理，建筑庞大的体量如同由半透明的白纱包裹，形成由建筑到自然环境的过渡。深圳T3航站楼将室内空间与外部造型整体设计，形成城市空间到航站楼整个流程空间的连贯过渡。航站楼大公共空间均采用大跨度柱网，由中央的跃层空间上下贯穿。指廊区出发层为数百米长的连贯无柱空间，双层表皮幕墙全方位包裹，每个方向都有自然光渗透到室内，结合起伏的开洞设计，形成流动的空间体验。整个建筑设计充分利用了自然光线，使室内空间富于戏剧性和浪漫色彩。

深圳T3航站楼是机场功能、地域特色与建筑艺术的完美结合。无论外形、建筑材料的选择、内部设计还是施工过程，都贯彻了绿色建筑的理念，在设计之初就将节能环保的概念贯穿至各个设计环节，并且在各个系统中采用多项节能减排的新技术、新工艺，已经成为深圳节能环保理念的标志性建筑。

二、会展建筑

会展经济是以会议和展览活动作为发展经济的手段，通过举办大规模、多层次、多种类的会议和展览，以获取直接或间接经济效益和社会效益的经济行为。会展经济具有高效性、带动性、综合性、聚焦性、科技性、互动性等多重效应，也被称为"经济发展的加速器和助推器"，在国际上被称为"触摸世界的窗口"和"诱人的城市面包"，正越来越被世界各国所重视。会展产业是全球经济一个新兴产业，会展建筑也成为近代城市发展的标志性公共设施，它是国际化中心城市凝聚经济活动的"殿堂"，它与城市发展之间密切相关，相辅相成，除了具有传统的展览功能之外，还增加了会议、洽谈、餐饮、办公、休憩等设施，成为城市建设和经济活动的重要组成部分。

会展业作为深圳市的高端服务业，近年来增速迅猛，已逐步成为深圳现代服务业的支柱产业之一。从最早的国展中心、高交会展馆，到2004年会展中心投用，再到现在场地早就供不应求。每一次新展馆的扩容扩建，新展馆的投入使用，首先拉动的就是深圳本地产业，并吸引高端核心企业落地，会展经济吸引了高科技企业，跟深圳本地企业一起创新研究，互相带动提升。

深圳会展业起步于20世纪80年代末，依托优越的区位优势和雄厚的产业基础，深圳会展业在短短27年的时间里取得了长足发展，深圳已成为国内最具影响力的会展中心城市之一，其会展建筑也成为城市的名片之一。

1. 深圳会展业起步阶段（1988～1998年）

标志性事件：首届"荔枝节"举办，深圳国际展览中心落成。

1988年6月28日～7月8日，深圳举办了首届"荔枝节"，标志着深圳会展业开始起步。1989年6月2日，深圳第一个大型综合性展览中心——深圳国际展览中心落成，宣告深圳结束了没有大型展览场馆的历史，开启了深圳会展业发展的大幕，深圳会展业在全国率先走上市场化发展道路。到1998年，深圳市全年举办展会数增加到40个，平均每年以27.5%的速度在递增。同时，深圳涌现了一大批会展专业人才，为后来深圳会展业的发展奠定了良好的基础，许多人才仍活跃在全国会展领域。

2. 深圳会展业崛起阶段(1999~2003年)

标志性事件：首届中国国际高新技术成果交易会举办，"高交会馆"落成。

经国家科技部等部委的批准，决定自1999年起每年在深圳举办一届中国国际高新技术成果交易会。为满足展会对场馆设施的需要，深圳市政府斥资3亿元在福田中心区投资建设中国国际高新技术成果交易会展览中心（简称"高交会馆"）。由于是临时建筑，该项目采用普通平板网架结构和膜结构装饰构件，在各方面采用了诸多简单易行的技术措施，从投标到建成仅用了9个月时间，借此契机，深圳迎来了会展业发展的春天。会展经济持续升温，"高交会馆"年办展规模大幅攀升，逐渐发展成为在全国乃至世界都具产业辐射力的定期性深圳展会品牌。

3. 深圳会展业发展阶段(2004至今)

标志性事件：深圳会展中心落成，会展业正式纳入深圳市产业发展规划。

在"高交会"的带动下，深圳会展业快速发展，展会数量及规模逐年递增，"高交会馆"的使用率开始趋于饱和。2002年，深圳市政府斥资32亿在福田中心区兴建深圳会展中心。深圳会展中心是集展览、会议、商务、餐饮、娱乐等多种功能于一体的超大型公共建筑，总建筑面积28万 m^2，东西长540m，南北宽282m，总高60m，地上6层，地下3层。该项目是当时深圳建市以来最大的单体建筑，作为未来高新技术交易的平台，在设计施工中采用了大量的新技术、新材料、新工艺，其主展厅为跨度126m的无柱空间，采用了当时世界上直径最大的钢拉杆，填补了国内技术空白。2004年，坐落在深圳中轴线南端的深圳会展中心建成并投入使用。同年，深圳市政府出台国内第一个《关于发展深圳会展业的意见》，提出会展业发展国际化、市场化、专业化的指导方针和创建"知名会展城市"的目标，会展业正式作为一个新兴产业纳入深圳市产业发展规划，为深圳会展业的快速发展提供了政策保障。深圳会展业从此进入高速发展时期。深圳市举办展会数量、规模迅速扩大，品牌展会的国际化、市场化、专业化程度不断提升。2014年，深圳在国内会展城市中位居第四，真正成为国内外知名的会展城市，而作为深圳会展业名片的深圳会展中心无疑发挥了极其重要的作用。

4. 未来展望

标志性事件：深圳将规划建成50万 m^2 的会展综合体。

2015年11月9日，深圳市政府宣布：深圳将启动深圳国际会展中心项目，拟投资超800亿资金。深圳国际会展中心项目将采用综合开发模式，融入酒店、办公、餐饮、商业等多项功能。选址深圳宝安空港新城，地处粤港澳大湾区湾顶，珠三角广深澳核心发展走廊、东西向发展走廊，归属于空港新城片区，是深圳空港新城"两中心一馆"（深圳国际会展中心、国际会议中心和新科技馆）的三大主体建筑之一。项目距离 T4 枢纽 3km、T3 航站楼 7km，紧邻沿江高速公路，规划地铁、公交线路可直接进入展馆。深圳国际会展中心总建设用地面积 148.05 万 m^2（一期 121.42 万 m^2，二期 26.63 万 m^2）。会展中心南北向长 1700m，东西向宽 540m；最高 44.5m，结构最大跨度 100m。规划建设室内展厅 50 万 m^2，建成之后将超过德国汉诺威展览中心（46.7 万 m^2），成为全球规模最大的会展中心。该项目 2016 年开工建设，其中一期 30 万 m^2 室内展厅及基本配套设施，拟于 2019 年建成投入使用。

大力发展会展业是深圳建设国家经济中心城市和现代化、国际化创新型城市的战略选择，也是发展湾区经济的重要支撑。随着全球经济格局调整和会展业发展重心向亚洲转移，包括深圳在内的珠三角湾区将成为全球会展业发展的重要区域。相信以深圳速度、深圳质量、深圳标准，推进建设"一流的设计、一流的建设、一流的运营"的深圳国际会展中心，必然会助力深圳的会展业迈向更繁荣的新时期。

深圳国际会展中心的建设，不仅关系到一座城市的对外形象与国际影响力，也将成为未来城市经济全新且强劲的经济增长点。对深圳而言，国际会展中心的建设综合了政府与企业最优势的资源和力量，都致力于将会展中心建设运营成为国内顶尖的会展综合体，所在片区发展成为会展综合生态区，从而拉动区域经济的发展。深圳国际会展中心投入使用后，各行业大量进驻，全世界优质的企业及资源汇聚到深圳，将成为深圳连通世界的重要窗口。

三、口岸建筑

深圳发展起于口岸，口岸建设也一直是深圳城市发展最强大的助推器之一。深圳口岸见证了深圳从一个小渔村发展成为现代化、国际化的新兴城市的过程。每一个口岸开通，都会有新的口岸经济圈兴起。深圳已经成为中国口岸最多、出入境人流车流量最大、唯一拥有海陆空铁全部口岸的城市，是南中国与世界交往的重要门户之一。

在深圳 225km 的海岸线和与香港接壤的 27.5km 陆地边界上，深圳拥有经国务院批准对外开放的一类口岸 15 个。其中，陆路口岸 6 个，分别是罗湖、文锦渡、皇岗、沙头角、深圳湾、福田口岸；水运口岸 8 个，分别是盐田港、大亚湾、梅沙、蛇口、赤湾、妈湾、东角头、大铲湾口岸；空运口岸 1 个——深圳宝安国际机场。经省政府批准对外开放的二类口岸 3 个，分别是蛇口装卸点、沙鱼涌装卸点和莲塘起运点，形成海陆空全方位口岸开放大格局。

深圳罗湖口岸是深圳最早的口岸，它位于深圳与香港新界的分界线上，与香港仅一河之隔，同罗湖桥相连，是当时全国规模最大的口岸联检大楼，也是全国最早实现联检的口岸。大楼于 1983 年开始建设，1985 年 4 月竣工使用。全楼总面积 7 万 m^2 多，总投资 1.7 亿港元。大楼主楼高 11 层，南北副楼各 3 层。第一层为旅客入境联检现场，设有边防检查合格证台位 56 个，海关检查台位 136 个；第二层为外籍旅客入境查验场所；第三层为旅客出境通道，设有边防检查验证会位 35 个，海关检查台位 66 个，旅检场地宽敞。

深圳罗湖口岸联检大楼一开始就发挥着重要的窗口作用，是中国人流量最大的陆路出入境口岸。深圳罗湖联检大楼见证了深圳的历史，见证了深圳40年的发展，也见证了深圳天翻地覆的变化。

皇岗口岸包括 29 个子项工程，有旅客联检楼、出入境报关楼、边防检查站、检验检疫库、各种车辆检查站等，工程庞大而复杂。其中旅客联检楼为工程的重中之重。该楼主体建筑采用对称式布局，整个建筑内部功能空间划分明确，秩序井然，流线清晰便捷，视野开敞。建筑外部采用方整的体量组合形成，立面开窗以条形、方形钢窗为主要开窗形式，配以熟褐色夹膜遮光玻璃，同时又采用了后现代的部分手法，运用中国建筑特有的线、雀替、坡屋面、瓦当、柱梁等元素，使主体呈现出庄严、厚重、稳健的图格特征，巨大的红漆立柱更让人联想到中国传统建筑中威严的城楼，营造的宏大气势与皇岗这个重要的对外交通口岸的地位十分契合。站前的人行天桥系统是该建筑群的又一特色，宽敞的高架长廊，纵横交织联系着出港大厅步行道、检查大厅、公交车系统及各附属设施，人们由天桥系统可以到达建筑群的任何主要位置。公交车总站的各路汽车站由楼梯廊道与天桥连接，避免由于天气原因造成旅客的乘车不便。整个系统为旅客提供了清晰的交通路径服务。

深圳湾口岸位于深圳市南山区蛇口东角头的一块填海地，占地 117.9hm^2。深圳湾口岸于 2007 年 7 月 1 日连同深港西部通道启用，以庆祝香港主权移交十周年。口岸设有车辆转线设施，以配合香港和中国内地相反的行车方向，然后通过深港西部通道的深圳湾公路大桥连接香港新界西北部的鳌磡石。西部通道的建设不但对于缓解公路口岸交通压力、优化口岸交通分布有重要作用，更有利于城市发展规划、香港及珠江三角洲地区经济的稳定发展。

莲塘口岸位于深圳市罗湖区，于 2018 竣工，是华南区首个全过程全专业使用 BIM 协同设计的公共类建筑，是深圳市政府主导的第一个，也是唯一一个提供全专业全流程 BIM 成果的示范项目。作为深圳市规划的第七个跨境陆路综合口岸，其建设将优化调整深圳市内陆口岸功能，加强港深和粤东地区联系。

如今深圳已成为一座功能完备、环境优美、适宜人居的现代化、国际化大都市。深圳是全国唯一拥有海陆空口岸的城市，有现代化的立体交通网络。

深圳火车站

设计单位：香港华艺设计顾问（深圳）有限公司
合作单位：机械工业部深圳设计研究院
项目地点：深圳
建筑面积：150000m²
建筑高度：49m
设计时间：1990 年
竣工时间：1991 年

获奖情况：

1993 年深圳市优秀设计一等奖
1995 年机械工业部优秀设计奖一等奖
1997 年国家第七届优秀工程铜奖

深圳火车站分东站楼与西站楼及跨线候车厅三大部分，采取的是跨线候车进站、地下室出站的方式，较好地解决了进站、出站以及住宿的复杂的人流交通。火车站东临建设路，西临和平路，南与罗湖联检大楼相联，从而组成进出深圳的复杂的交通网络，成为重要的交通枢纽。

深圳文锦渡口岸旅检大楼

设计单位：悉地国际设计顾问（深圳）有限公司
项目地点：深圳市罗湖区
设计/竣工：2009年/2012年
建筑面积：47600m²

文锦渡口岸位于深圳罗湖沙头角，与香港新界仅一河之隔，是深港交通通道。口岸区交通的复杂性，决定了场地设计的复杂性，及场地与建筑的紧密关联，特定的城市环境决定了建筑个性。旅检大楼主体架在纷杂的场所设施上，立面符号简化为几簇密集的水平线，在快速路上可瞬间识别，反映出"通道"形态。壳体外覆着流畅的线条，饱含张力，充满速度感。整体造型显示了口岸建筑性格，似深港交流"加速器"。

深圳国际会展中心

设计单位：深圳市欧博工程设计顾问有限公司 + Valode&Pistre Architects

项目地点：深圳市大空港片区

设计时间：2017 年

用地面积：1214200m²

总建筑面积：1570656m²

景观面积：136000m²

容积率：0.81

建筑覆盖率：60%

最高高度：42.315m

停车位：10534 辆

奖项荣誉：深圳市第十七届优秀城乡规划设计奖三等奖

会展中心位于珠三角空港片区的会展城中，处于珠三角心脏地区，将成为新珠三角圈层更强有力的驱动核心。是镶嵌于粤港澳大湾区顶部的璀璨明珠，是中国"一带一路"战略重要门户的重大项目。建成后，其室内展厅面积达 50 万 m²，超过目前全球最大的会展中心（德国汉诺威展览中心），成为未来规模最大的展馆。

深圳国际会展中心配套项目休闲带

设计单位：深圳市欧博工程设计顾问有限公司

设计时间：2017 年

工程地点：深圳市大空港片区

用地面积：84240m²

建筑面积：275737m²

容积率：0.14

建筑覆盖率：80%

最高高度：18m

停车位：4050 辆

绿化率：40%

沿主要文化设施贯穿会展岛的会展休闲带，是会展和配套开发地块的空间链接，也是会展景观专业性和绿色生态会展的集中体现。项目拥有超长的城市尺度，由南向北呈带状绵延 1.7km，周边城市场所的特征在不断变化，休闲带的建筑形体、尺度、功能也顺应着与城市的对话关系，分段呼应，可谓欧博设计全程设计打造的全国最长的高线公园。

会展休闲带设计为城市、为使用者提供了多层级、不同尺度与属性的公共开放空间，由有机岛、运动岛、纪念岛、活力岛、婚恋岛及音乐岛多个单体组成，包括健康互动、活力运动、婚庆浪漫休闲、音乐演艺文创等多项主题区域，构建成最具活力、生态休闲的高架公园，在亲近自然的同时体验科技，开启深圳近郊"微度假"新方式。

第 7 章 交通建筑、会展中心与口岸建筑

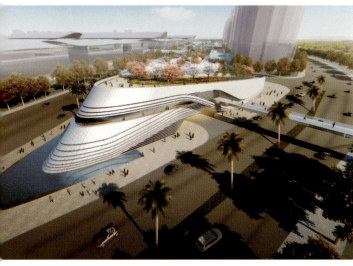

龙华现代有轨电车示范线工程站台建筑及人行天桥设计

设计单位：深圳大地创想建筑景观规划设计有限公司
主创团队：袁俊峰　陈君文　熊发林　赵新周
　　　　　　高若飞　卢建晖
工程地点：深圳龙华新区
设计时间：2014～2016年
竣工时间：2017年6月
建筑面积：15000m²

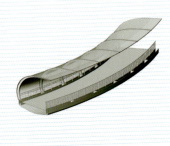

南来大地几千程，一路风光不必等。龙华现代有轨电车在规划上与城市设计、历史人文、公共艺术进行了完美的融合，展示了现代、多彩、活力的城市新面貌。在龙华有轨电车的整个项目中，大地创想从2014年开始，负责所有龙华有轨电车示范段的天桥和站台设计，执着地践行自己的理念和想法，并以独特的创新设计获得两项国家专利。

现代有轨电车作为龙华区公共交通设施建设的重点工程，是深圳首条有轨电车线路，设计从绿色、节能、美观、现代的理念出发，秉承着人行天桥和站台一体化设计的原则，体现了龙华有轨电车现代交通枢纽新形象，推动城市公共交通设施品质的提升。

在环形天桥的设计上，设计创新性提出"应力环概念"，天桥遮阴连廊设计成半拱形悬臂结构，在悬臂另一侧设有预应力拉环，对悬臂产生外向拉力，从而使悬臂结构稳定。立柱的悬臂挠度在预应环的拉力作用下减小，同时立柱的截面尺寸也随之减小，与原有传统悬臂结构相比，截面尺寸单边可减少250mm，降低建造成本，同时外观轻盈美丽，取得良好的设计效果。

第 7 章 交通建筑、会展中心与口岸建筑 337

深圳蛇口邮轮中心

设计单位：广东省建筑设计研究院
合作单位：法国岚明建筑设计事务所
设计团队：陈 雄　周 文　金 钊　吴隆伟　卫 文
　　　　　浦 至　何海平　徐晓川　张伟生　李 淼
　　　　　邓邦弘　段琪峰　曹 卿　张竟辉　陈 武
项目地点：深圳市前海蛇口自贸区太子湾
设计时间：2014年3月～2015年4月
竣工时间：2016年10月
用地面积：4.3万 m²
建筑面积：17.1万 m²
建筑高度：64m
奖项荣誉：国家住房城乡建设部"绿色施工科技示范工程"
　　　　　国家旅游局"中国邮轮旅游发展实验区"
　　　　　中国勘察设计协会第八届"创新杯"优秀交通枢纽BIM应用奖
　　　　　第十届广东省土木工程詹天佑故乡杯奖
　　　　　2018年度广东省建设工程优质奖
　　　　　2018年度深圳市优质工程金牛奖
　　　　　2018年全国工程建设项目优秀设计成果一等奖

莲塘口岸

设计单位：深圳市华阳国际工程设计股份有限公司
主创建筑师：田晓秋　王　浩　李祥柱　雷　雨　张　浩
设计团队：
　　建筑：张胜强　拓　畅
　　结构：谢　春　曾　凯　张权鸿
　　给排水：吴　健　陈兴祥
　　暖通：李　斌　潘明泽
　　电气：刘卫强　李　彬　李瑞广
　　室内：黄芝乐
　　总图：赵卫国
项目地点：深圳市罗湖区
设计时间：2013年
竣工时间：2018年
用地面积：177475m²
总建筑面积：123875m²
奖项荣誉：
　　第五届"创新杯"建筑信息模型（BIM）应用大赛最佳BIM普及应用奖
　　BuildingSMART2015香港国际BIM大奖最佳BIM应用奖
　　深圳市第十六届优秀工程勘察设计评选BIM专项一等奖
　　广东省优秀工程勘察设计评选BIM专项一等奖

莲塘口岸是华南区首个全过程全专业使用BIM协同设计的公共类建筑，是深圳市政府主导的第一个，也是唯一一个提供全专业全流程BIM成果的示范项目。作为深圳市规划的第七个跨境陆路综合口岸，其建设将优化调整深圳市内陆口岸功能，加强港深和粤东地区联系。

华阳国际充分发挥BIM设计的优势，在方案阶段开始搭建BIM平台，对建筑方案进行BIM模型推敲，在施工图阶段通过BIM平台利用可视化设计及三维协同工作完成BIM出图工作。莲塘口岸项目的BIM实践为建筑设计行业BIM应用规范的建立及多专业BIM协同提供了极具价值的经验。

深圳罗湖口岸／火车站地区综合改造工程

设计单位：深圳市市政设计研究院有限公司
　　　　　深圳市北林苑景观与建筑规划设计院
项目地点：深圳市罗湖口岸／火车站东广场
占地面积：37.5hm²
设计时间：2001 年
建成时间：2005 年

获奖情况：
2006 年度亚太区卓越奖
2007 年金牛奖
2007 年度广东省优秀工程设计一等奖
2008 年度优秀中国工程勘察设计行业一等奖
2008 年度全国优秀工程勘察设计奖铜奖

整个设计贯穿了以下四原则：机动车交通管道化原则、功能分区原则、公交优先原则、人车分流原则。为实现上述原则，在 37.5hm² 的场地上立体布置了长途汽车站、公交巴士站、的士上落客站、社会停车场、社会车辆上落客站、十二条联络道、三条汽车隧道、两条人行地道。

深圳地铁老街站换乘综合体及上盖物业

设计单位：深圳市市政设计研究院有限公司

项目地点：深圳市东门老街步行区入口区域

建筑面积：约6万 m^2，地上15层，地下4层

建筑高度：60m

获奖情况：深圳市第十五届优秀工程公共建筑三等奖

项目是国内第一个同站台水平换乘车站，国内第一个在地铁站上开发的上盖物业项目，国内第一个贴邻运营车站建设及改造的项目，国内第一个实施车站地下连续墙及外墙破除的项目，深圳第一个采用逆作法施工的地铁项目。

深圳市福田交通综合枢纽换乘中心

设计单位：深圳市市政设计研究院有限公司

项目地点：深圳市福田区

占地面积：7.8hm²

建筑面积：13.7 万 m²

开工 / 竣工：2005 年 10 月 / 2008 年 10 月

获奖情况：

  2011 年度全国优秀工程勘察设计二等奖

  2011 年度全国优秀勘察设计行业奖建筑工程二等奖

  深圳市第十四届优秀工程勘察设计二等奖

深圳市新城联检站

设计单位：深圳市市政设计研究院有限公司

获奖情况：深圳市第十三届优秀工程勘察设计三等奖

  联检站是深圳市二线关已开通的 16 个联检站中配套最完备、造型最新颖的联检站。项目建成后，连通了宝安大道及深南大道，使其成为中国最长的市政大道。它加强了特区内外的交通联系，缓解了南头检查站的交通紧张现状，解决了通车后与特区内路网的衔接问题，并且有利于加快宝安中心城区的建设步伐，现实意义重大。项目于 2007 年竣工。

深圳会展中心

设计单位：中国建筑东北设计研究院有限公司深圳分公司
　　　　　GMP（德国）

主创建筑师：GMP（德国）

设计团队：任炳文　李曙光　刘泽生　吴雅娟　窦南华
　　　　　刘　钢　谭　明　陈　哲　刘国银　崔长起
　　　　　朱宝峰（房家声）金丽娜　董文兵　何延治
　　　　　王晓光　李胜军　曲　杰　岳连生　李华英
　　　　　苏　玲　张　强　王东升　王艳军　王赵斌
　　　　　徐良欧　孙瑞文（李天恩）李朝栋

项目地点：深圳

设计时间：2001～2004年

竣工时间：2004年

建筑面积：300000m²

用地面积：225000m²

建筑高度：60m

奖项荣誉：
　　中国勘察设计协会2008年度全国优秀工程勘察设计建筑工程二等奖
　　中建2007～2008年度优秀勘察设计建筑智能化专业一等奖
　　中建2007～2008年度优秀勘察设计建筑环境与设备专业一等奖
　　中建2007～2008年度优秀勘察设计建筑结构专业二等奖
　　辽宁省建设厅2005～2006年度辽宁省优秀工程勘察设计一等奖
　　中建2005～2006年度优秀工程设计一等奖

深圳会展中心是深圳建市以来最大的单体建筑。全部展厅布置在首层，在设计施工中采用了大量的新技术、新材料、新工艺，是高新技术的结晶，已成为深圳人引以为豪的一座标志性建筑。展厅跨度达126m，在国内首次采用150mm钢棒作为拉杆，填补了国内空白。屋面遮阳系统使用的是长6m、宽1.3m、犹如飞机机翼的遮阳百叶，是当时断面加工尺寸最大、数量最多、加工难度最大的屋面遮阳系统。另外，为了灵活地使用会议中心，部分会议室采用了国内首次使用的活动隔断技术，隔断具有高度的隐蔽、隔声、遮光作用。

深圳市宝安国际机场 A、B 号航站楼

设计单位：中国建筑东北设计研究院有限公司（深圳）

主创建筑师：任炳文　刘　战　张　涛

设计团队：（宋达康）　王东升　窦南华　李豪邦
　　　　　刘　健　张锦生　李书林　胡立林
　　　　　（房家生）　谭桂生　牛晓阳　郑国权
　　　　　高世忠　赵玉侠　王晓光　王雪松
　　　　　杨海荣　郝　鹏　隋庆海　（杨良卿）
　　　　　韩晓辉　朱宝峰　郑永辉　曲　杰
　　　　　金丽娜　兰品贵　李华英

项目地点：深圳

设计时间：-A 楼　1995 年
　　　　　-B 楼　2003 年

竣工时间：-A 楼　1999 年
　　　　　-B 楼　2004 年

用地面积：-A 楼　72912m²
　　　　　-B 楼　37764m²

建筑面积：-A 楼　72600m²
　　　　　-B 楼　74185m²

建筑高度：-A 楼　22.43m
　　　　　-B 楼　23.94m

奖项荣誉：

A、B 楼
　深圳市住房和建设局深圳市 30 年（30 个特色建设项目（2010 年）

A 楼
　建设部 2001 年度部级优秀勘察设计二等奖
　中建总公司优秀工程设计一等奖（2001 年）

B 楼
　建设部 2005 年度部级优秀勘察设计二等奖
　中建总公司优秀工程设计一等奖（2005 年）

　　工程屋面结构采用的是当时世界上的新型结构技术——钢管屋架结构，在国内是首次使用。其特点是取消节点板，支管相贯切割后与主管焊接，整个屋盖钢结构由主架、撑架及位于柱顶的四叉形柱帽焊构成。屋顶上根据大厅照度开设采光天窗，以达到节约能源和满足大厅内部采光的目的。

深圳市福田口岸联检楼

设计单位：北京市建筑设计研究院深圳院	建筑面积：8.3万 m²
合作设计：德国 OBERMEYER	建筑高度：24m
项目地点：深圳市福田区	
设计时间：2002～2003年	奖项荣誉：
竣工时间：2007年	2010年北京市第优秀工程设计综合奖二等奖
	2010年全国优秀工程勘察设计行业奖公共建筑二等奖

设计特点：

第二大过境门户型口岸，日通关设计客流量25万～30万。与地铁4号线无缝接驳，是交通效率最高的口岸。立面沿承连续变化理念，南北采取"截切"手法，展示"连贯折转"的造型逻辑；东西采用"镂雕"手法，依据内部不同功能空间的采光及岭南建筑的遮阳要求，将"壳体"进行韵律化镂空处理，保证了节能、内部的光环境及视野的取舍，又形成了简单中富有变化的光影效果。

深圳宝安国际机场 T3 航站楼

设计单位：北京市建筑设计研究院有限公司
合作设计单位：Fuksas 建筑师事务所
主创设计师：Fucksas　马　泷
设计团队：奚　悦　黄　河　刘　琮　陈昱夫
　　　　　褚以平
工程地点：深圳市宝安区
设计时间：2008～2009 年
竣工时间：2013 年 11 月 28 日
建筑面积：45.1 万 m^2
建筑高度：46.8m

奖项荣誉：

2013 年 Idea-Tops "最佳文化空间设计奖" 艾特奖
2014 年北京市建筑设计研究院年度优秀工程一等奖
2015 年北京市第十八届优秀工程设计综合奖一等奖
2015 年全国优秀工程勘察设计行业奖公共建筑一等奖
2015 年亚洲建筑师协会金奖
2016 年中国建筑学会建筑创作金奖（公共建筑类）

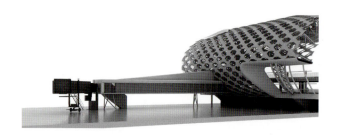

设计特点：

　　设计客流量 4500 万，国内第五大机场，"鳐蝠"流线造型展现了设计之都深圳作为滨海国际化城市的形象。

第 7 章 交通建筑、会展中心与口岸建筑　349

深港西部通道口岸旅检大楼

设计单位：深圳市建筑设计研究总院有限公司

建设地点：深圳市南山区

设计时间：2003年6月

竣工时间：2007年7月

工程类别：口岸建筑

占地面积：117.9m²

建筑面积：15.3万m²

建筑高度：34m

获奖情况：

2009年度全国优秀工程勘察设计行业奖建筑工程二等奖

2012年广东省科学进步特等奖

深圳机场码头客运站

设计单位：深圳市清华苑建筑与规划设计研究有限公司
主创建筑师：廉树欣　张　涛
设计团队：崔　颖　尤大鹄　陈友龙　王智红
　　　　　刘运昌　刘翠翠　贾玉彬　王　哲
　　　　　潘北川　葛双领
项目地点：深圳宝安机场
用地面积：20000m²
建筑面积：14562m²

项目简介：

以伞形的结构体系作为造型单元，进行集合化的组合，表达出候船楼简单明确的空间特色，通过大尺度而富有韵律的虚实变化，形成个性突出而气势宏达的建筑造型，有效表达出滨海特色的公建风格。

通过伞形结构单元的组合，形成不同功能区的覆盖效果，巧妙结合大空间内"房中房"的处理，营造出不同特色的内外空间环境。

第8章 超高层建筑

超高层建筑总论（马自强）/354

1- 深圳安联大厦　/362
2- 深圳广播电影电视集团有线电视枢纽大厦　/363
3- 深圳发展银行大厦　/364
4- 深圳赛格广场　/365
5- 深圳湾科技生态城 B-TEC 项目　/366
6- 中海油湾区企业总部　/368
7- 深圳海信南方总部大厦　/370
8- 深圳工商银行大厦　/371
9- 深圳京基 100　/372
10- 汉京金融中心　/374
11- 前海十九单元 03 街坊　/376
12- 深圳中洲控股金融中心　/378
13- 深圳新世界中心　/380
14- 深圳中洲大厦　/382
15- 深圳百丽大厦　/384
16- 深圳国检大厦　/386
17- 中建钢构总部大厦及钢结构博物馆　/387
18- 深圳海上世界广场·招商局广场　/388
19- 海上世界酒店　/389
20- 蛇口南海梦工厂大厦　/389
21- 中国华润大厦　/390
22- 长富金茂大厦　/392
23- 现代国际大厦　/394

超高层建筑总论

·马自强 北建院建筑设计(深圳)有限公司总建筑师,一级注册建筑师

改革开放40年是我国经济和城市建设高速发展的40年,作为改革开放实验田的深圳经济特区一直走在排头兵的位置。在思想解放和经济高速发展的大潮下,一座座高楼在这边陲小镇拔地而起,深圳在很短的时间内发展成为国际大都市,创造了城市建设的奇迹。建造超高层建筑是社会经济和科学技术实力的集中体现,超高尺度和超大规模很容易成为区域内乃至整个城市的标志性建筑,深圳超高层建筑的建设过程可视为深圳特区改革开放40年经济发展和城市建设的一面镜子。

从古埃及的巨石金字塔和我国的木构古塔,直到现代直入云霄的钢构超高层建筑,见证了人类对反地心引力、与天试比高的追求。按我国《民用建筑设计通则》的定义,超高层建筑是指建筑高度大于100m的民用建筑。改革开放40年为深圳经济特区建造大量的超高层建筑创造了优越的条件。

1. 经济的高速发展,为超高层建筑建造积累了最原始的人力、物力和财力。

2. 科学技术的进步、新型材料、结构形式、建造技术、高速电梯、消防自救、机电系统和智能系统等不断更新换代,为建造更高、更安全的超高层建筑提供了基础条件。

3. 城市的不断发展,人口的聚集密度加大,土地资源日益紧张,需要建造大量超高层建筑来解决市民对建筑场所的需求。

4. 作为国际大都市,深圳需要有展示形象和实力的地标性的建筑,让人在记忆中留下深刻的印象。

一、深圳超高层建筑的建设与发展

在城市发展的过程中,建造大量的超高层建筑对节约城市用地和充分利用现有城市空间起着至关重要的作用。深圳是一个带状的城市,随着时间轴自东向西发展,以罗湖为起点西移至福田再辐射到南山。超高层建筑也跟随着城市发展同步建设,最早集中在靠近香港的罗湖口岸附近,一直向西到现在最为火热的前海自贸区,伴随着深圳的城市天际线的不断变迁。

1985年,深圳国贸大厦的建造创造了改革开放的"深圳速度",楼高160m保持了"中国第一高楼"的地位有10年之久。位于国贸大厦49层的旋转餐厅可以俯瞰香港边界和深圳全景,见证了邓小平南巡的重要历史时刻,同时也承载了改革

地王大厦

京基100

赛格广场

新世界中心

开放早年深圳人不可磨灭的记忆。此后，在靠近香港的深圳罗湖口岸附近如雨后春笋般地涌现了深圳发展中心大厦、嘉里中心、深房广场、彭年广场等超高层建筑群。1996年，楼高383m的深圳信兴广场在深南路边拔地而起，创造了亚洲第一高楼，也是全国第一个钢结构的高层建筑。它的体型的宽与高之比例为1:9，在超高层建筑中不常见，至今依然是业界常被论及的话题。因其土地拍卖是深圳当时土地交易最高价格，故被公众称为地王大厦，也被认为是深圳经济特区崛起的标志。2011年，深圳第一高楼被楼高近450m的京基100取代，其与地王大厦共同见证了深圳罗湖区城市建设和经济发展的辉煌。

进入21世纪，随着深圳市政府西迁，福田CBD规划的"双龙起舞"超高层建筑群全面开始建设，深圳超高层建筑进入"迅速生长"期。特区报业大厦、赛格广场、邮电信息枢纽大厦、深圳招商银行大厦、新世界商务中心、卓越世纪中心、皇岗商务中心、绿景纪元大厦和东海国际中心等超高层建筑，一个接一个地创造和记录了深圳崛起的新速度。2016年，楼高近600m的深圳平安国际金融中心在深圳CBD建成投入使用，深圳第一高楼再度易主，也为深圳超高建筑建造打开了600m高度的大门。

随着福田CBD日趋成熟，逐渐成为市级中心，深圳市城市发展进入了多个分中心的格局。以科技创新为中心的南山区得到了大力的发展，后海中心日渐成型，先后建造了中洲控股金融中心、腾讯滨海大楼、百度国际大厦等超高层建筑。楼高近400m的华润总部大厦建成后将取代中洲控股金融中心成为南山区第一高楼。

根据世界超高层建筑学会的新标准，高度在300m以上的建筑称为超高层建筑。据不完全统计，深圳建成和即将建成高度超过300m的超高层建筑有十多座，其中包括平安国际金融中心、京基100、华润总部大厦、深业上城、地王大厦、赛格广场、中洲控股金融中心、汉京金融中心、东海国际中心、CFC长富中心、华侨城总部大楼等，深圳已经成为全球超高层建筑最多的城市之一。

二、深圳超高层建筑的特点与演变

超高层建筑是经济、科技和文化发展到鼎盛时代的产物，其特点与演变同时也受以上因素的制约。建筑高度是衡量超高层建筑难度和复杂程度的一个重要指标，其由建筑的结构体系、垂直交通体系、建造材料技术和消防机电系统等条件所决定。

1. 结构体系

超高层建筑在高度上的突破，除了取决于建筑结构的垂直承载能力，更重要

证券交易所

中洲大厦

太平金融大厦

能源大厦

的是要提高其应对地震及风荷载对建筑物造成破坏的水平承载能力。由此可见，超高层建筑的结构主要受风荷载影响，深圳属于台风多发地区，对超高层建筑来说，安全必须摆在首位，而结构安全是首要问题。

20世纪80年代的深圳第一高楼"国贸大厦"是我国自行设计和施工的超高层建筑，建筑高度160m，采用了钢筋混凝土筒中筒结构。90年代的深圳第一高楼"地王大厦"则在全国第一次采用钢结构，其建筑高度突破到近400m，成为当时亚洲第一高楼。现在的深圳第一高楼平安国际金融中心采用了巨型结构体系，同时在建筑内设有两台国内吨位最大的阻尼器，实现了深圳建筑600m的新高度。由此可见，建筑高度带来的结构问题也在逐步通过结构力学、设计理论的进步和新技术的应用得到有效的解决。

2. 建筑体型

深圳初期的房地产开发以市场需求为主导，所建造的超高层建筑也以出售为主，对功能和使用效率要求较高，同时受结构体系限制，大部分的超高层建筑体型较为方正，只在建筑顶部作局部变化处理。进入21世纪，房地产自持物业比例逐渐加大，企业总部尤其是IT和金融企业总部自建超高层办公总部的增多，以及结构形式和建造技术的更新换代，近十来年深圳出现了一批体型变化较多的超高层建筑。深圳证券交易所新总部是国内罕见的巨型悬挑超高层建筑，空中悬浮平台在东和西向悬挑了36m，南和北向悬挑了22m，被市民戏称为"超短裙"。中洲控股金融中心70m高的酒店共享边庭位于200m高空，采用竖向拉索、横向水平桁架钢结构吊挂式点支承玻璃幕墙，玲珑剔透，深圳湾美景一览无余，在国内尚属首例。腾讯滨海大楼的两座超高层塔楼通过三条设置了共享配套设施的巨型空中"连接层"连通，实现IT企业对新型办公空间的需求，也呼应了该IT企业自身的"互联"的理念。在建的汉京金融中心是目前全国最高的全钢结构超高层建筑，核心筒外置打破了超高层建筑的常规结构设计，建筑体型被解放，拓展了超高层办公空间的新模式。

3. 外墙系统

超高层建筑外墙以幕墙系统为主，改革开放初期的国贸大厦已采用铝合金玻璃框架式幕墙。单元式幕墙因其工业化生产，组装精度高，有效控制工程施工周期，单元之间采用结构密封，适应主体结构位移能力强，适用于超高层建筑和钢结构高层建筑，从21世纪起，深圳市超高层建筑已普遍采用单元式幕墙。最近几年，自带呼吸器幕墙也已在投行大厦、太平金融大厦和民生金融大厦等高层建筑普及

平安中心　　发展大厦　　发展大厦　　嘉里建设

应用。在绿色环保的大潮下，超高层建筑采用智能型呼吸式幕墙和光电幕墙也将日益增多。

4. 垂直交通

超高层建筑的内部交通主要是垂直交通系统，而电梯是超高层建筑里最高效和应用最多的垂直交通工具，所以超高层交通系统优劣主要取决于电梯的速度、承载能力、乘坐舒适度和安全性。电梯速度的提升是超高层建筑高度突破的主要因素：150m 以上的高层建筑采用 4m/s 的电梯已基本满足运载要求，高度在 150～300m 的超高层建筑常采用最高速度为 6m/s 的电梯，而超过 300m 的超高层建筑一般通过设置空中大堂进行垂直交通转换，采用 6～10m/s 的高速穿梭电梯把人运载至空中大堂。据了解，国内的上海中心大厦和广州周大福金融中心的电梯速度达到了 20m/s。由此可见，电梯速度也已不再是限制建筑高度突破的因素了。

三、深圳超高层建筑的发展与未来

1. 持续与城市发展同步

| 中州中心 | 中航广场 | 钢构大厦 | 招商大厦 |

建造超高层建筑是进行土地集约高效利用和解决城市"向上"发展的重要手段。深圳经过改革开放 40 年的建设，可开发建设用地已不多，城市更新将是深圳未来城市建设的主要方向，城市更新项目将集中在深圳的罗湖老区；而火热建设中的前海自贸区因受航空限高，不可能建造大量超高层建筑。所以，深圳未来的超高层建筑可能会集中在罗湖和龙岗两个区。

2018 年 3 月，世茂深港国际中心项目开工活动在龙岗区举行，该项目设成高度预计超过 600m，达 700m，深圳高度竞争拉开了新的帷幕。根据深圳市城市更新规划，蔡屋围片区定位为金融商业核心区，计划在寰宇大厦原址上新建一座高达 739m 的高楼，即"H700 深圳塔"；布吉老街旧改的最新规划显示在该区域内将打造一座高达 680m 的布吉塔；而湖贝村片区旧改规划了 830m 的湖贝塔，超过目前世界最高的哈利法塔。虽然这些创新高的超高层建筑尚在规划阶段，还没有进入审批程序。但由此可预见，深圳新建的超高建筑将集中在城市更新的罗湖和大力发展的龙岗两个区。

2. 向异形和立体化发展

超高层建筑由于受建筑的结构形式制约，以及使用功能的要求，在体型上不能有太多的变化,存在造型比较单一和同质的缺陷。但随着结构理论和技术的发展,超高层建筑在创新高的同时,其建筑造型将会更加多样化和差异化,满足不同功能空间和场所,特别是城市综合体的复合功能的需求,最终实现建造超高层立体建筑群的空中城市的愿景。

3. 向建筑新智能化发展

超高层建筑向更高、更大、更多功能的城市综合体发展,其内部各种控制系统将越来越多,确保各系统高效、安全和协调运行是超高层建筑智能化最基本的任务。目前超高层建筑智能化技术研究开始从过去侧重于信息处理和设施管理的"高技术型",转向更加重视环境生态和舒适程度的"高情感型",通过智能化提高超高层建筑的舒适性,降低超高层建筑的能耗。

4. 向绿色和生态化发展

为了高效利用宝贵的土地资源而建造超高层建筑,引发了光污染、能源消耗量等生态问题,建设绿色生态型超高层建筑会是未来超高层发展趋势。超高层建筑向绿色和生态化发展,实现低能耗甚至零能耗,成为会呼吸的有机建筑,通过

华润大厦

百度大厦

中海油总部

汉京中心

建筑智能系统的自动调节来适应全年气候的变化。

超高层建筑是经济发达、社会稳定和科技进步的体现，故其发展与城市的发展息息相关。深圳这座年轻城市的超高层建筑的建造，从国贸大厦、地王大厦和京基100，一直到刷新深圳建筑高度的平安金融中心，以及未来创新高的超高层建筑都蕴藏着深圳人的实干创新的精神与梦想。

深圳安联大厦

设计单位：香港华艺设计顾问（深圳）有限公司
合作单位：香港王董国际有限公司
项目地点：深圳
设计时间：2002 年
竣工时间：2005 年
建筑面积：93730m²
建筑高度：150m

项目位于深圳市福田区市民中心东侧，是一幢地下 4 层、地上 35 层、建筑主体高 150m 的超高层写字楼。拥有 413 个停车位，配有银行、会议室、星级商务中心和其他相应的商务配套设施。

该楼结构上采用纯板式结构，在南国的土地上提供了良好的通风条件。整栋大楼设置了风格迥异的 28 个空中花园，隔层有序地分布在大厦四侧。提供了一个会呼吸的花园式办公环境，成为深圳市 750 万 m² 中央商务区（CBD）一个重要的商务、办公活动交汇点和不可分割的部分。

建筑师旨在将安联大厦打造成尊重自然、尊重人性、尊重生态的、人与自然能够充分交流的活体建筑。

深圳广播电影电视集团有线电视枢纽大厦

设计单位：香港华艺设计顾问（深圳）有限公司
项目地点：深圳
设计时间：2011 年
竣工时间：2016 年
用地面积：8661.1m²
建筑面积：52699.04m²
建筑高度：100

项目用地紧张，空间局促，底层架空的方式可有效缓解场地拥挤所带来的压迫感，阶梯状的景观处理，消化掉东西的高差，使得空间更为流畅、通透，人们在此交往、停留，互通信息。同时它打通了内部空间与城市空间之间的隔阂，加强了莲花山及笔架山两个城市公共景观与使用者之间的联通性。

在该办公楼的设计中，使用空间的舒适性是建筑设计的出发点。交通核的外置以及采用新型的结构形式，创造出一个开敞、无遮挡的办公区域。

整个大楼光洁、现代，具有极强的可识别性，建筑暗合着数字信号的特征，流动着、延伸着，蔓延至基地周边，并覆盖到技术楼，使得整个场地、新老建筑无论功能还是空间都形成富有变化的有机整体。建筑形体在自然光的照射下，实与虚、光与影，显示出无穷的变化，绽放出独特的魅力。

深圳发展银行大厦

设计单位：香港华艺设计顾问（深圳）有限公司
项目地点：深圳
设计时间：1992 年
竣工时间：1996 年
建筑面积：72334m²
建筑高度：143.75m

项目位于深圳市主干道深南大道及蔡屋围金融区之最繁华地段，处于深南路与解放路锐角交汇处的独特城市空间。

基地紧邻金融中心大厦，又是由西向东城市主干道南侧一系列高层建筑的起点。设计以此为契机，将大厦构筑成由西向东、步步向上的阶梯体块，辅以倾斜向上的巨大构架，以此寓意"发展向上"，使之成为深圳最具特色的建筑。

设计的风格体现"高技术"的审美趣味，采取超地域的建筑语言，表达一个"当代"的空间形态。设计试图表现改革开放股份制商业银行的独特风格，表现深圳第二个十年的经济发展和发展银行的独特个性。

深圳赛格广场

设计单位：香港华艺设计顾问（深圳）有限公司
项目地点：深圳
设计时间：1995～1997 年
竣工时间：2000 年
建筑面积：169459m²
建筑高度：292.6m

项目位于深圳市中心地带，深南中路与华强北路交汇处，地理位置优越。

赛格广场功能是现代多功能智能型写字楼，裙房为10层商业广场，是以电子高科技为主，兼融会展、办公、商贸、信息、证券、娱乐等的的综合性建筑。建筑总高度292.6m，是深圳市区的重要景观。

塔楼为八边形的平面，外轮廓尺寸为43.2m×43.2m，交通、卫生以及其他附属设施均放置在核心筒内。结构采用了高强度钢管混凝土体系，是当今运用该结构体系的世界最高建筑。塔楼檐口高度292.6m，屋顶天线钢针端高345.8m，现已成为深圳市区的标志性建筑。

深圳湾科技生态城 B-TEC 项目

设计单位：香港华艺设计顾问（深圳）有限公司
项目地点：深圳
设计时间：2012 年
建筑面积：420000m²
建筑高度：270m

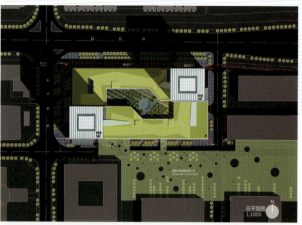

项目作为深圳湾科技生态城第四标段超高层项目，位于深圳市南山区高新技术产业园区南区，主要由两栋270m的超高层塔楼组成。项目总建筑面积约为42万m^2，是一个由办公、酒店、商业、会议中心复合而成的都市综合体。

方案以"绿之舞步"作为设计原点，通过塔楼自上而下的微妙错动，与裙房形成连续有机的拓扑关系，形如踏歌而来的探戈舞者，奏响了飞扬激昂的城市旋律。

超高层塔楼平面东西错动，利于改善周边区域风环境，同时可获得更多的南北采光面。裙房通过引入生态中庭，巧妙化解大体量建筑通风、采光的不利因素；西北、东南的架空处理，勾勒出建筑群鲜明大气的主入口形象。

中海油湾区企业总部

设计单位：香港华艺设计顾问（深圳）有限公司
项目地点：深圳
设计时间：2010 年
竣工时间：2016 年

用地面积：12700m²
建筑面积：258702m²
建筑高度：200m

项目位于深圳市南山后海中心区，占地 1.27km²，由两栋 200m 的超高层办公建筑组成。大厦作为中海油企业自用办公楼，是集办公、公共配套及商业于一体的超高层综合体项目。落成后的建筑将树立中海油在南方崭新的具有鲜明国际化特色的总部形象，更成为深圳后海地区重要的地标建筑。

本案建筑造型力求挺拔高耸，饱满大气，以简洁明快的形体隐喻一组扬帆启航的企业巨舰，既生动表达了企业海洋性的文化特征，又诠释了中海油坚忍不拔、积极向上的企业精神，用写意的建筑语言勾勒出中海油卓越不凡的企业形象。

底部裙房有机连接了南北两座塔楼，架空设计使群体之间自然形成恢宏大气而极富张力的入口形象，产生了任何室内大堂都无法企及的震撼性效果，由此显示企业的博大与开放。

项目定位为 5A 甲级总部写字楼。硬件功能配套力求完善，其中包括办公、商业配套、会议中心、员工食堂、员工活动中心、企业展厅等；同时引进国际先进的智能化控制系统，于软件上提高大楼办公档次，满足现代商务及总部办公需求。

深圳海信南方总部大厦

设计单位：香港华艺设计顾问（深圳）有限公司
项目地点：深圳
设计时间：2013年
竣工时间：2017年
建筑面积：85000m²
建筑高度：150m

海信南方总部大厦位于深圳南山后海总部区核心位置。项目总建筑面积8.5万m²，容积率14.76，塔楼高度150m。项目塔楼采用板式布局，充分利用南北向景观资源。建筑造型借鉴海浪元素，柔美曲线结合空中花园设计，呼应城市主界面和最佳景观面，体现深圳地域特色，展现海信企业气质。建筑首层融入城市，通过巨大的架空空间及南北贯通大堂，将南北两侧景观及人行联系起来，为市民提供一个开放舒适的共享空间。

深圳工商银行大厦

设计单位：香港华艺设计顾问（深圳）有限公司
项目地点：深圳
设计时间：2013 年
竣工时间：2017 年
用地面积：4953.74m²
建筑面积：86000m²
建筑高度：189m

大厦位于深圳市后海中心区超级总部基地，紧邻深圳湾体育中心，总建筑面积约 8.6 万 m²。

方案以"工正鼎立，稳若磐石"为设计理念，从中国古建筑亭台楼阁中汲取灵感，将塔楼与裙房进行整体化设计，从下至上形成三重节奏，步步高升，犹如三块堆叠而成的擎天柱石，矗立于深圳湾畔。

建筑空间上，建筑形体形成的三重叠台楼阁塑造出"工行城市广场、工行交流广场、工行智慧广场"三大空间，紧密契合深圳工商银行"三心"理念。外部彰显"稳健创新"的儒商气质，内部塑造"员工乐业"的空间品质。

立面设计上，将工行的文化和精神融入建筑表皮的设计中。从工行的 Logo 抽象出"工"字造型，结合中国传统文化"九宫格""中国结"，抽象出细腻而大气的立面风格，方正鼎立，稳若磐石。

深圳京基100

设计单位：	深圳华森建筑与工程设计顾问有限公司
合作单位：	英国 TFP/ 英国 ARUP
设计团队：	建筑：谷再平 宋 源 雷建华 邓颖敏 陈晓宣
	结构：张良平 杜 军 项 兵 曹伟良 李 炎 武 芳 尚文红
	给排水：周克晶 李仁兵
	暖通：王红朝 曹 莉 庄 茜
	电气：张立军 李 丛
	总图：同 山
项目地点：	深圳
设计时间：	2007 年
竣工时间：	2011 年
用地面积：	45600m²
建筑面积：	553500m²
建筑高度：	441.8m

获奖殊荣：

中国建筑学会颁发的中国建筑设计奖建筑结构金奖

安波利斯摩天楼大奖（The Emporis Skyscraper Award）全球十大第四名

全国优秀工程勘察设计行业建筑环境与设备专业二等奖

广东省优秀工程勘察设计结构专项二等奖

广东省优秀工程勘察设计暖通专项二等奖

深圳市第十五届优秀工程勘察设计公建一等奖

深圳市优秀工程勘察设计（专项）结构设计一等奖、暖通设计一等奖、给排水设计一等奖、电气及自动化设计一等奖

建筑创新点：

采用了 C50 混凝土强度等级的人工挖孔桩，最大直径达 5.6m，创深圳房建项目之最。

采用巨型方钢管混凝土柱，最大柱断面 2.7 m×3.9 m。

采用多项结构加强措施，解决超高宽比 (e10.2) 结构的侧向刚度。

利用优化技术，在现有建筑要求下取得较好的经济效益。

采用 TMD 减振系统解决超高层结构舒适度。

超厚剪力墙（1.9m）的设计。

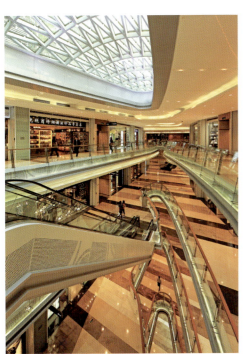

汉京金融中心

设计单位：筑博设计股份有限公司	项目地点：深圳
合作单位：Morphosis Architects H+P 建筑结构事务所 欧比咨询	设计时间：2012 年
	用地面积：11017m²
设计团队：马镇炎 刘晓英 丁瑞星 熊桂林 刘 晔	建筑面积：160169m²
黄迪辉 高 峰 汤 真 张永峰 李 涛	建筑高度：320m
朱 旭 袁少宁 胡 骞 刘 红 王 硕	
郎 凌 蔡锐潮 罗锦勇 何邱君 曾志坚	奖项荣誉：
孙 翔 罗 为 王 清 程艳虹 罗渊捷	第二届深圳建筑创作奖施工图设计金奖
杨坤炎 邬 彦 梁福盛 吴荣健 蔡明娟	第三届深圳市房屋建筑工程优秀施工图设计评选公建类金奖
张焕辉 周祖寿 陈柏坚 雷 净 谢泽鑫	
李 拉 莫耐议	

建筑创新点：

由筑博设计和莫非西斯建筑事务所（Morphosis Architects）最新合作的项目深圳汉京金融中心，作为世界最高核心筒外置全钢结构建筑，以雕塑感极强的建筑形象成为深圳绝佳的创意地标建筑，通过全新的核心筒外置的方式极大地拓展了超高层办公建筑的空间体验。筑博设计依靠强大的设计落地能力和技术团队将设计概念完美呈现，在全钢构的技术革新和BIM技术应用中不断推动超高层建筑的发展。

设计理念：反思传统的办公楼的缺陷，设想一种新的办公空间。设计打破常规，通过重新排列来调整传统办公大楼的空间，将交通核和主要服务空间移到大楼主体以外，从而营造出开放、灵活的自由空间，以最佳方式满足每个客户的独特身份和具体的需求。这造就了一个高质量的工作空间，给予使用者宽敞广阔的感觉，同时提供了360°欣赏城市景观的场所。

前海十九单元03街坊

设计单位：筑博设计股份有限公司
设计团队：冯果川　张春亮　ARRON　傅卓恒　何桂华
　　　　　宋智勇　程亚妮　李昂泰　吴欣荣　张　周
　　　　　欧阳栋　周天璐　高健阳　陈伟雄
项目地点：深圳
设计时间：2014 年
用地面积：56106m²

建筑面积：468140m²

奖项荣誉：
2015 年度广东省优秀城乡规划设计城市规划类三等奖
第三届深圳建筑创作奖未建成项目三等奖
深圳市第十六届优秀城乡规划设计奖一等奖

建筑创新点：

项目是前海先期启动的涉及多家开发主体的综合性街坊式开发项目，本次城市设计以街坊的整体开发为先导理念，通过街坊整体设计实现对街坊开发的管控，为城市管理者、建筑设计单位和开发单位提供设计和实施依据。

规划思路在设计层面从锚点城市的概念出发，整合利用街坊周边的资源锚点，打造一体化街坊：街坊形象一体化、公共空间一体化、交通组织一体化、地下空间一体化，使项目成为整合周边资源的锚点城市片区。模式组织多专业协作，通过道路与市政管线、地下空间及连廊的整体开发建设方式，打造"一体化街坊"。

通过以上设计手段与开发设施管理文件实现街坊建筑空间的高度复合，构筑多样化和系统化的城市空间，为后续建设的地块有机组织空间对接提供机会，从而形成整体有序、自由流动的城市空间系统。

深圳中洲控股金融中心

设计单位：北建院建筑设计（深圳）有限公司
合作单位：北京市建筑设计研究院有限公司 + 美国ASGG

创设计师：张江涛　马　泷　马自强　解立婕
主设计团队：马自强　解立婕　侯　郁　宋　玲
　　　　　　　蔡志涛　刘蓉川　陈小青
项目地点：深圳市南山商业文化中心区
设计时间：2006～2008 年
竣工时间：2015 年
用地面积：2.57 万 m^2
建筑面积：23.4 万 m^2
建筑高度：272.6m（总高度 300.8m）

奖项荣誉：
2017 年北京市优秀工程勘察设计奖公共建筑二等奖
2017 年度全国优秀工程勘察设计行业奖建筑工程一等奖

建造一座高效、充满人性化设计，融经济性与自然生态于一体的超高层办公、公寓和酒店综合体，创造具有独立领域感的城市空间和场所，是项目的主设计理念。

建筑轮廓为弧形，光线均匀分布在弧面上，突出三个建筑的体量，有机和谐。转角处竖向凹槽，作为两个立面之间的视觉分隔，使建筑更挺拔。在适当位置设置多层水平金属遮阳板，将有用的光线通过漫反射引入室内，减少人工照明，降低对城市的光污染；在非景观视线范围内的玻璃设置彩釉图案进一步减少眩光，提高外墙的遮阳性能。整个建筑外形素雅、线条流畅、优美时尚。位于200m 高空的 70m 高的空中共享边庭贯穿酒店各层，采用竖向拉索、横向水平桁架钢结构吊挂式点支承玻璃幕墙，玲珑剔透，深圳湾美景一览无余，这是本项目最大的亮点和难点，现已成为深圳市新的城市观光点。

第 8 章 超高层建筑

深圳新世界中心

设计单位：北建院建筑设计（深圳）有限公司
合作单位：美国 DiMarzio|Kato 建筑事务所
主创设计师：Jeff DiMarzio　Satoru Kato
设计团队：陈怡姝　马自强　莫沛锵　时　刚
　　　　　蒋德忠　毛向民　孙小红
项目地点：深圳市福田 CBD 北区
设计时间：2002～2004 年
竣工时间：2007 年
用地面积：0.56 万 m²
建筑面积：10.8 万 m²
建筑高度：219.0m（总高度 238.0m）

奖项荣誉：
　　北京市第十四届优秀工程设计一等奖
　　2009 年度全国优秀工程勘察设计行业奖建筑工程二等奖

新世界中心在深圳市中心区"双龙飞舞"的超高层建筑天际线中处于非常重要的龙头地位。项目从 2007 年正式投入使用以来，凭借其精致典雅的外形和卓越不凡的品质获得了市场和业内人士的一致好评，成为深圳市颇具代表性的甲级写字楼，至今仍是深圳市最精致的办公楼。

新世界中心采用建筑模数化设计，使整个建筑物内外精确对齐、整体划一。作为现代都市的地标式建筑，远望：白天，简约挺拔，比例优美，层次丰富，个性而不张扬；夜晚，外轮廓线刚硬，LED 泛光线条流畅，三角玻璃顶、北面月亮门和入口橄榄厅晶莹剔透，炫目诱人。近观：整个建筑物从镜面水池长出，耸入云霄，映在水花园平静的水面上，有着许多细节的建筑语言值得慢慢阅读。

深圳中洲大厦

设计单位：北建院建筑设计（深圳）有限公司
合作单位：美国 AS+GG 建筑设计公司
主创设计师：Gordon Gill　　Jeffrey　　马自强
设计团队：马自强　么　冉　侯　郁　何　宁　蔡志涛
　　　　　　陈小青　李新博　王莉英　刘海燕　罗洪斌
工程地点：深圳市福田 CBD 南区河园片区
设计时间：2012～2014 年
竣工时间：2016 年
用地面积：0.63 万 m²
建筑面积：9.7 万 m²
建筑高度：182.0m（总高度 200.0m）
奖项荣誉：
2017 年北京市建筑设计研究院优秀工程一等奖

在有限用地内解决好超高层建筑的交通组织和功能需求，不利朝向和有利景观面统一，是项目设计的核心。

整个建筑物沿南北方向布局，最大限度地获得西侧中心公园的自然景观和中心区的城市景观，以达到减轻建筑对人和周边建筑的压迫感，以及吸引人气的目的，对提升建筑的品质和改善城市空间亦有很大帮助。为了最大限度减少对周边建筑物的影响，将塔楼布置在地块西南角，并在塔楼的四个角部加以曲面造型处理，均衡解决了自身形象的标志性和与环境相适应这一对矛盾。

塔楼外墙上均布的水平遮阳板的穿孔和纹理排布按遮阳要求规律变化，形成极其微妙的光影效果，解决了西侧遮阳和眩光问题，同时弱化了层间感，建筑整体性强；水平均布的穿孔遮阳板，建筑细节形式多样而不过分张扬，与周边建筑相协调。裙房通过横竖线条与塔楼相互穿插，形成有机统一的整体。

第 8 章 超高层建筑　383

深圳百丽大厦

设计单位：北建院建筑设计（深圳）有限公司
主创设计师：王 戈 盛 辉 林 琳 陈知龙
设计团队：陈知龙 屈石玉 何 宁 蔡志涛
　　　　　刘蓉川 陈 哲 张文华 黄智杰
合作单位：北京市建筑设计研究院有限公司
项目地点：深圳市南山区后海片区
设计时间：2010～2013年
竣工时间：2016年
用地面积：0.28万 m^2
建筑面积：4.7万 m^2
建筑高度：120.0m（总高度130.0m）
奖项荣誉：
　　2017年北京市建筑设计研究院优秀工程一等奖

　　作为企业总部超高层办公楼，建筑造型需有足够的标志性和可识别性，同时具有一定的城市尺度和现代感。倾斜的建筑造型很好地体现出建筑的时代感与流畅感，建筑物不再是高层塔楼与低层裙房的传统关系，而是将裙房与塔楼结合在一起形成更加整体的体型关系，更好地体现高层建筑的整体感，为后海中心区增加活力。

深圳国检大厦

设计单位：北建院建筑设计（深圳）有限公司
合作单位：北京市建筑设计研究院有限公司
主创设计师：刘 力　金国红
设计团队：杨美湘　侯 郁　黄 河　张岫文
　　　　　　蔡志涛　朱先和　邹威雄
项目地点：深圳市福田区福强路
设计时间：2004～2005 年
竣工时间：2010 年
用地面积：2.18 万 m^2
建筑面积：6.5 万 m^2
建筑高度：128.0m（总高度 149.0m）
奖项荣誉：北京市第十六届优秀工程设计三等奖

在外观设计上创造一种庄严稳重、明朗大方又具有时代感的建筑形象，并强调中轴线和对称关系。通过玻璃幕墙与石材的交替使用，在有序中求变化。顶部沉稳、与主体建筑协调的造型使人联想到公务机关公正、科学、严谨的作风。立面设计通过拉升主体建筑的上升感，使之挺拔高耸，成为所在城市片段的"视觉中心"，修补了该片区在建筑上群龙无首的局面，使建筑自然成为区域新的地标。

中建钢构总部大厦及钢结构博物馆

设计单位：中国建筑东北设计研究院有限公司（深圳）
主创建筑师：刘 战 任炳文 梁钧铭
设计团队：张 强 邵明东 付保林 黄 伟 陈 鹏
罗志峰 岑楚深 朱宝峰 张宏伟 何延治
姜 军 孟 玮 王晓光 曲 杰 杨离离
姚 远 刘 浩
项目地点：深圳
设计时间：2013～2015年
竣工时间：2016年7月
用地面积：4468.69m^2+2892.50m^2
建筑面积：55625.3m^2+16080.4m^2

建筑高度：148.5m
奖项荣誉：
  2017年沈阳市优秀工程勘察设计建筑工程一等奖

建筑创新点：
  具有企业特点的总部大厦（全钢结构）。
  打造全钢结构的总部大厦，彰显企业实力及特点，充分发挥钢结构的特性，创造新颖、独特的建筑形象，使之成为深圳总部物业集群中的标志性建筑。

深圳海上世界广场·招商局广场

设计单位：广东省建筑设计研究院深圳分院
　　　　　美国凯里森建筑设计事务所（海上世界广场）
　　　　　美国 SOM 建筑设计事务所（招商局广场）

项目地点：深圳市南山区蛇口海上世界

建设时间：2013 年 6 月

设计团队：

海上世界广场

陈朝阳　金　钊　周　文　邓汉勇　李大伟
陈　传　陈安鑫　卫　文　李　鹏　余　甫
李　淼　何海平　邓邦弘　浦　至

招商局广场

陈朝阳　周　文　韦　静　金　钊　卫　文
何海平　浦　至　付　亮　李博宁　邓邦弘
赵耀普　扶裕华　李　淼　于　磊

奖项荣誉：

海上世界广场

2014 年度深圳市第十六届优秀工程勘察设计评选公共建筑一等奖
2014 年度优秀工程勘察设计公建类二等奖
2015 年度广东省优秀工程勘察设计工程设计三等奖
2015 年度广东省优秀工程设计三等奖

招商局广场

广东省建筑设计研究院 2014 年度优秀工程勘察设计公建一等奖
深圳市第十六届优秀工程勘察设计公建建筑一等奖
全球 22 座最具现代感的建筑
2015 年度广东省优秀工程勘察设计公建建筑一等奖
2015 年度全国优秀工程勘察设计奖建筑工程二等奖

海上世界酒店

设计单位：广东省建筑设计研究院深圳分院
美国 WATG 设计公司

工程地点：深圳市南山区蛇口海上世界

建设时间：2013 年 7 月

建筑面积：56920m²

建筑高度：68.5m

设计团队：陈朝阳　金　钊　周　文　吴彦斌　卫　文
何海平　浦　至　吴燕国　谢思欣　赵耀普
赖志勇　朱少林　李春鹏　杨　帅　刘鼎如

奖项荣誉：

2015 年度全国优秀工程勘察设计行业奖优秀建筑工程设计二等奖

2015 年度广东省优秀工程勘察设计公建建筑二等奖

深圳市第十六届优秀工程勘察设计评选公共建筑一等奖

蛇口南海梦工厂大厦

设计单位：广东省建筑设计研究院深圳分院
美国 WATG 设计公司

工程地点：深圳市南山区蛇口海上世界

建设时间：2013 年 7 月

建筑面积：56920m²

建筑高度：68.5m

设计团队：陈朝阳　周　文　吴彦斌　覃思鸣
朱　江　段琪峰　黄海滨　王锐东
涂颖贞　温　泉　江静兰

奖项荣誉：

深圳市第十七届优秀工程勘察设计评选建筑工程设计一等奖

2017 年度广东省优秀工程勘察设计公建类一等奖

2017 年度全国优秀工程勘察设计优秀工程设计三等奖

中国华润大厦

方案设计：	KPF 建筑师事务所
	悉地国际设计顾问（深圳）有限公司
结构：	奥雅纳工程顾问　悉地国际
机电设计：	Parsons Brinckerhoff Consultants Private Limited，悉地国际设计顾问（深圳）
项目地点：	深圳市南山区
设计 / 竣工：	2012 年 / 2017 年
建筑面积：	267732.15m²
建筑高度：	392.5m

项目位于后海中心区核心位置，华润总部大楼、高端商业中心、白金五星级酒店、高品质商务公寓及高端住宅等四周围绕。项目所在地深圳市南山后海中心区是深圳极为重要的滨海湾区，是深港连接区，深圳建设滨海城市的标志性区域，更是代表未来最具活力的中心城区。本项目着眼于总部办公、商业开发与深圳湾体育中心的完美融合，共同营造市民喜爱、充满活力、富有内涵和趣味的二十四小时工作及生活场所，成为具有国际影响力的滨海综合开发项目。

照片来源：华润深圳湾发展有限公司

长富金茂大厦

设计单位：深圳市欧博工程设计顾问有限公司
项目地点：深圳福田保税区
设计时间：2007 年
竣工时间：2014 年
用地面积：18800m²
建筑面积：206500m²
容积率：8.60
绿化率：30%
最高高度：303.80m

奖项荣誉：

2015～2016 亚太地产奖超高层类中国区最高推荐奖
2015 年全国人居经典建筑规划设计方案竞赛活动中获建筑金奖
第十七届深圳市优秀工程勘察设计一等奖（公建）
第八届中国人居典范建筑规划设计方案竞赛活动获建筑设计金奖

建筑创新点：

设计力图创造修长挺拔的建筑体态，两端小中间大，在方形平面的基础上，上下收分，在塔楼的顶部高度三分之一处为塔楼平面最大高度，依据黄金分割比塑造出更为高耸流动的上升动态，以玻璃为主的建筑群流光溢彩。远观与近赏，恰似一抹飞瀑倾空而泻，大有"飞流直上三千尺"之豪迈。

设计从不同层面体现天、地两个主题及由地及天的过渡关系。在造型上，下部升起的庭院延续地表的景观肌理，破地而出的轻盈塔楼穿入天空；在景观上，我们创造了新的地景——城市园林，静态的水景观结合草丘植物将城市的喧嚣屏蔽于外，创造了闹中取静的办公共享空间。

311.6m 的建筑高度使新塔楼塑造了新的城市天际线，并成为城市景观的焦点。从即将建成的深港大桥上观看：白天，塔楼显示出它挺拔的天际轮廓，钢和玻璃的材质呼应着天海和云霞；夜晚，节节攀升的体态形成一道指向天空的光柱，顶层的展廊与餐厅如同宝石般熠熠生辉，整个建筑如灯塔般吸引着对岸的目光，展示着海边建筑的独特魅力。

在处理与城市的关系上，设计一方面尊重城市的整体规划，另一方面积极创造独特的空间识别性和相对独立的内部公共空间，使人们一进入地段就会产生强烈的领域感。为在这里工作、置业或暂住的人们创造舒适的，易于交往的，贴近自然生态的空间。为了与塔楼简洁有力的形态相呼应，公寓的形体必须采用与塔楼同性质的基本几何形。

主塔基本呈现点式的方形体态，位于基地的西北角，次塔与裙楼则以板式形态位于基地的靠南一侧，并且重心位于东南角，从而在南北两侧拉开与塔楼的空间距离，增大空间深度，丰富空间层次。

现代国际大厦

设计单位：美国开朴建筑设计顾问（深圳）有限公司
主创设计师：蔡 明 韩嘉为
项目地点：深圳市福田区
设计时间：2005年
建成时间：2008年
合作单位：奥意建筑工程设计有限公司

主要经济技术指标
总用地面积：4025.35m²
建筑占地面积：2395m²
总建筑面积：67548m²
地上建筑面积（计容积率）：56354m²
地下建筑面积（不计容积率）：11194m²
建筑密度：74%
容积率：14
绿地率：15%
建筑高度：180m

建筑创新点：

项目地处深圳市CBD，高180m，在高楼林立的中心区以自身独特的建筑风格独树一帜。从规划角度而言，现代国际大厦是深圳中心区规划"双龙起舞"围合城市界面的重要节点，建筑要满足城市设计的要求，使之成为"来龙去脉"的一个重要组成部分，为中心区和深圳市带来新的标识和新的活力。

现代国际大厦的塔楼与裙房尽最大可能与周边的建筑相协调。骑楼、裙房和建筑主体的竖向线条的设置均是呼应总体规划布局的要求；建筑的轴线和主体造型，根据深圳市布局结构和城市规划的指导，强调角部节点相互统一协调，最终确定了建筑的轴线和建筑的特殊处理节点；设计近70%的超高实用率、6.6m层高，缔造完美商务空间；对建筑的主体造型，在众多尝试中，最终确定了以简洁方正为主的造型，一方面形成最有效的办公空间，另一方面简洁方正可使形体完整性更强、造型更挺拔，建筑主体西北角局部采用三角形切割的手法进行了特殊处理，在符合规划要求和与周边建筑退让协调的同时，给人以钻石般闪亮的视觉冲击。

2019年香港建筑师学会海峡两岸和香港、澳门
建筑设计论坛及大奖
(HKIA CADSA 2019)

1. 主办机构：
香港建筑师学会

2. 协办机构
- 广州市工程勘察设计行业协会
- 深圳市注册建筑师协会
- 台北市建筑师公会
- 澳门建筑师协会

3. 主要赞助：
香港特别行政区政府「创意香港」

4. 主礼嘉宾
论坛：香港特别行政区行政长官
大奖颁奖晚宴：香港特别行政区政府财政司司长

5. 拟定活动详情
日期：2019年6月21日（星期五）
时间：论坛 09:00 – 18:00
大奖颁奖晚宴 19:30 – 22:30
地点：香港中环荷李活道10号「大馆」
工作坊：2019年6月20日（星期四）
学生活动：2019年6月22至23日（星期六至日）

6. 主题：「塑造．无形 Shape the Shapeless」
　　大会希望透过超越海峡两岸和香港、澳门，以更广阔地域的前提下，从新探索这个以文化与设计为重点的活动。在主要赞助机构香港特别行政区政府创意香港的支持下，来自一带一路地区和非洲的知名建筑师、理论家、历史学家和教育工作者将于这次论坛担任演讲嘉宾，分享他们对全球建筑文化与当前的发展模式的真知灼见。

7. 关于论坛及大奖

论坛 –

2019年香港建筑师学会海峡两岸和香港、澳门建筑设计论坛是一个重要交流平台，邀请来自海峡两岸和香港、澳门及一带一路地区拥有丰富经验及杰出地位的建筑师担任讲者，旨在互相切磋及交流，致力将海峡两岸和香港、澳门的建筑设计提升和进一步向世界展示。

大奖 –

2019年香港建筑师学会海峡两岸和香港、澳门建筑设计大奖为海峡两岸和香港、澳门的建筑师带来一个互相观摩的机会。同时以此赞扬通过创新和创造力，对于有助更好的生活、经济发展作出贡献的卓越的建筑设计。

展览 –

为了使公众及各界专业人士关注和了解建筑，以及让建筑设计者之间更好地相互交流与探讨，2019年香港建筑师学会海峡两岸和香港、澳门建筑设计大奖公众展览将展示专业组别及学生组别的获奖作品。除了介绍作品设计理念外，更会展出建筑设计模型。

另外，除了得奖作品展外，大会稍后也会就拟于2020年第一至三季度举办有关海峡两岸和香港、澳门建筑师在一带一路的建筑作品巡回展览，宣布征集建筑展览作品。

工作坊 –

香港建筑师学会联同香港高等院校的建筑学院举办一系列工作坊，旨在提高年轻建筑师及建筑系学生对自海峡两岸和香港、澳门与一带一路地区的建筑设计认识。

8. 目标参加者

- 对海峡两岸和香港、澳门及一带一路地区建筑设计发展有兴趣的本地及海峡两岸和香港、澳门传媒
- 对建筑设计、设计中心、城市规划和城市发展等新概念有浓厚兴趣的专业人士
- 热衷于追求艺术和建筑或相关学科发展的年轻人

9. 论坛讲者

来自一带一路地区和非洲的知名建筑师、理论家、历史学家和教育家

10. 大奖参赛类别

(A) 住宅
(B) 商业（办公大楼／酒店）
(C) 商业（步行街）
(D) 社区、文化及康乐设施
(E) 教育及宗教项目
(F) 运输及基础建设项目
(G) 社会福利建筑
(H) 未兴建项目：建筑方案设计

今年大奖将继续举办学生组别。
（一切应以稍后公布之大奖提名简介为准。）

11. 奖项

每项建筑类别最多设有1个金奖、2个银奖及4个优异奖。

12. 大奖提名资格

提名竞逐香港建筑师学会海峡两岸和香港、澳门建筑设计大奖的建筑物必须于10年内建于中国内地、香港、澳门或台湾等地区。

第(A)至第(G)类别之所有提名建筑物或作品须于2008年9月3日至2018年9月2日之间完成（即于2008年9月3日至2018年9月2日之间，入伙纸或完工证已获签发或该建筑物经已送交业主并获得业主同意）。

第(H)类别未兴建之作品只须取得业主之正式书面任命或委托，即符合提名资格。

13. 大奖征集作品间表

专业组别：2018年9月3日至2018年12月17日
学生组别：2018年9月3日至2018年12月28日
更多详情，敬请密切留意CADSA 2019官方网站：http://www.cadsa.com.hk。

编后记

40年春风化雨，40年众志成城，40年砥砺前行。在中国共产党的坚强领导下，深圳从一个默默无闻的边陲小镇发展为具有强大竞争力的国际化创新型大都市。深圳的崛起，用铁一般的事实昭示了中国共产党人的伟大觉醒，印证了改革开放是坚持和发展中国特色社会主义的必由之路。

一座城市高度浓缩一个时代精华，而建筑则是城市发展的里程碑，是历史的博物馆。建筑设计是城市建设的先行者，哪里有建设，哪里就需要建筑设计。一批批的创业者，为改革开放事业奉献了青春和热血。深圳城市面貌翻天覆地变化，从当初小镇里最高楼仅有3层，到如今超过100m以上摩天大楼已有近1000栋，道路里程超过6000km，地铁通车里程297km，拥有近千座公园，被誉为"公园之城"。而这些令人赞叹的建设成就，许多都出自我们深圳设计师之手。

40年岁月峥嵘，风险与成功相伴，坎坷与荣光相随，有一种力量贯穿深圳城市发展的始终，这就是接力攀登、永不言弃、勇创一流的创新精神。创新，正是深圳建筑设计之魂！

追昔抚今，继往开来。今天我们编撰《改革开放40年深圳建设成就巡礼系列丛书》（包括建设成果篇、城市设计篇、杰出人物篇），就是要铭记创业者的功勋，传承深圳改革创新的精神，激励大家满怀热情地投入到新一轮改革创新中去。

《改革开放40年深圳建设成就巡礼系列丛书》的编撰工作始于2018年2月，历经组建队伍、拟订篇目、搜集资料、编写大纲、撰写初稿、总撰合成、评审修改几个阶段，数易其稿，不断总结，逐步提高。

在《改革开放40年深圳建设成就巡礼系列丛书》中，以设计理念的创新为主线，概括论述和提升深圳各个时期设计的理论和风格。以工程实例为主体，实事求是地记述了在不同的历史时期所完成的建筑工程设计任务，反映了各个时期的设计标准、规模、技术水平和随着时代步伐及科学技术进步而发展的轨迹。本系列丛书主要反映了深圳建筑设计行业技术人员为深圳市和外地所做出的主要业绩，也部分地包含了外地和国外设计机构在深圳市合作完成的若干代表作品。

《改革开放40年深圳建设成就巡礼系列丛书》涉及建筑、市政、园林等专业，有为深圳建设作出杰出贡献的工程师、专家、学者。资料浩瀚，专业性强，编撰有很大难度。为此，编撰委员会组织了全市主要设计单位的领导、专家、工程技术人员百余人参与此项工作。深圳市住房和建设局、深圳市科学技术协会、深圳市福田企业发展服务中心对编撰全过程予以指导。我们还特邀请了华南理工大学建筑设计研究院、广东省建筑设计研究院参加编审工作。各章总论、工程实例等由深圳市22家参编单位所派出的总工程师执笔编撰。

通过查阅文献、档案、典籍，摘录有关史料，搜集汇编数十万字的文字资料，大量图纸、照片，《改革开放40年深圳建设成就巡礼系列丛书》的编撰有了丰实的资料基础。

为了编撰好《改革开放40年深圳建设成就巡礼系列丛书》，各参编单位以编撰工作为己任，在人力、物力、财力上大力支持。各篇章编撰人员呕心沥血，辛勤耕耘，终于完成书稿。书稿的撰成，凝聚了众人的智慧和汗水。在此，我谨向为本专辑作出贡献的建筑设计单位和个人，致以真挚的谢意。

在《改革开放40年深圳建设成就巡礼系列丛书》编撰和审改期间，得到许多顾问、专家，各院总建筑师、总工程师的热情帮助、悉心指导，在此一并表示衷心感谢。

虽然我们殚精竭虑，谨慎其事，但由于缺乏经验，水平有限，疏漏错讹之处在所难免，恳望读者批评指正。

张一莉

2018年8月18日于深圳

图书在版编目（CIP）数据

改革开放40年深圳建设成就巡礼．建设成果篇/张一莉主编．—北京：中国建筑工业出版社，2018.8
ISBN 978-7-112-22449-4

Ⅰ．①改… Ⅱ．①张… Ⅲ．①社会主义建设成就－深圳②城市建设－成就－深圳 Ⅳ．①D619.653②TU984.265.3

中国版本图书馆CIP数据核字（2018）第159469号

责任编辑：费海玲　张幼平
责任校对：王雪竹

改革开放40年深圳建设成就巡礼——建设成果篇
主编　张一莉

*

中国建筑工业出版社出版、发行（北京海淀三里河路9号）
各地新华书店、建筑书店经销
北京方舟正佳图文设计有限公司制版
广州市一丰印刷有限公司印刷

*

开本：880×1230毫米　1/16　印张：25　字数：503千字
2018年9月第一版　2018年9月第一次印刷
定价：238.00元
ISBN 978-7-112-22449-4
　　（32299）

版权所有　翻印必究
如有印装质量问题，可寄本社退换
（邮政编码 100037）